AF317818

PÉTITION

A LA CHAMBRE DES DÉPUTÉS

SUR LA RÉFORME

DE LA LÉGISLATION DES BOISSONS.

EXPOSÉ DES ABUS ET MOYEN DE LES DÉTRUIRE.

PAR

P. MAUDET,

FONDATEUR DU JOURNAL LE CENSEUR DE LA RÉGIE.

Est mihi tanti, Quirites, hujus invidiæ falsæ atque
iniquæ tempestatem subire, dummodo a vobis
hujus *horribilis* belli *ac nefarii* periculum de-
pellatur... CICERO *C. Catilinam.*

PARIS,

IMPRIMERIE ADMINISTRATIVE DE PAUL DUPONT ET Cie,
Rue de Grenelle-Saint-Honoré, 55.

23 décembre 1839.

PÉTITION

À LA CHAMBRE DES DÉPUTÉS

SUR LA RÉFORME

DE LA LÉGISLATION DES BOISSONS.

EXPOSÉ DES FAITS ET DE MOYENS DE LES DÉTRUIRE

par

M. [illegible]

PARIS,

IMPRIMERIE ADMINISTRATIVE DE PAUL DUPONT ET Cie

Rue de Grenelle-Saint-Honoré, 55.

23 décembre 1839.

AVANT-PROPOS.

Au moment où le tirage de ma pétition vient d'être terminé, paraît une brochure *intitulée* : EXAMEN DES REVENUS *publics, par M. le marquis* D'AUDIFFRET. J'y lis, *page* 58, *chapitre* DES BOISSONS.

« Telles sont les questions qui naissent d'une légis-
« lation modifiée les 12 décembre 1830, 16 décembre
« 1831 et 21 avril 1832, plutôt sous l'influence de la
« difficulté des temps que d'après les conseils du sa-
« voir et de l'expérience. »

Je trouve dans cette phrase la justification du re-proche que j'adresse à l'administration de ne s'être oc-cupée de la révision de nos lois sur les boissons que sous l'influence des baïonnettes, dans un moment où les esprits, absorbés par la politique, n'ont pas le calme et la réflexion qu'exigent les intérêts matériels ; de n'a-voir cédé qu'à l'émeute au lieu de céder à la raison.

L'auteur ajoute :

« Quel que soit au surplus le débat qui puisse s'en-
« gager encore sur la question grave et difficile de la
« quotité du droit et de la fixation d'un taux uniforme
« qui réponde aux facultés des consommateurs, aux es-
« pérances de la culture et aux besoins de l'État, il ne
« peut plus exister aucun dissentiment sur les condi-
« tions équitables que nous venons d'indiquer pour en
« régulariser l'assiette et en alléger la perception. L'ad-
« ministration ne laissera pas s'évanouir l'*espérance*
« *qu'elle avait donnée, au commencement de* 1830,

« d'accorder *à l'impatience* du pays un tarif *juste*
« dans son principe, *facile et clair* dans son interpré-
« tation, *habilement* adouci par *l'opportunité* de son
« action, et *défendu* auprès des redevables par *l'im-*
« *partialité* de son application sur tous les points du
« territoire. »

Voilà l'analyse de ma pétition. Présentée sous d'aussi heureux auspices, son succès ne peut être douteux.

Le pair de France, le président de la cour des comptes a entendu le cri de douleur des populations; il le répète : le gouvernement serait-il le seul à ne pas l'entendre!!!.... Il réclame l'exécution des promesses qu'on nous a *renouvelées* en 1830, le gouvernement pourrait-il les avoir déjà oubliées!!!....

Si une commission est nommée pour la révision de la législation sur les boissons, et qu'elle ne se compose que d'employés de l'administration, nous verrons, je le répète, les mêmes abus se reproduire sous des formes ou des couleurs différentes; l'agriculture, le commerce doivent, ainsi que l'industrie, y être représentés par des membres à leur choix. En matières *spéciales*, les hommes *spéciaux* ne peuvent être remplacés.

NOTA. Je dois craindre que quelques députés ne trouvent dans le volume de ma pétition un motif pour ne pas la lire, ou ne le faire que superficiellement. Je les prie de s'armer de courage en raison de l'importance de la question, et de considérer qu'en présence de la multitude d'abus que j'ai à combattre, si l'on peut m'adresser un reproche, c'est d'avoir été trop bref, m'étant borné à n'indiquer que les principaux.

INTRODUCTION.

..........Parcere personis, dicere de vitiis. Mart......

..........Justum et tenacem. Hor......

Guerre aux abus, paix aux hommes, surtout aux hommes dont les intentions sont pures. Telle est la ligne de conduite que je me suis tracée. Mais il est des cas où la personne est tellement identifiée avec l'abus, qu'il est impossible d'attaquer l'un sans l'autre. C'est alors qu'il faut se dépouiller de toute commisération, faire abnégation de tout intérêt personnel, fouler aux pieds toute considération, et remplir avec fermeté le devoir imposé à tout homme de bien, de porter remède, chaque fois qu'il le peut, aux maux qui affligent la société. Que ce soit erreur, abus, préjugés, faute administrative ou prévarication, que le mal vienne d'en haut ou d'en bas, il doit le combattre avec cette indépendance qui naît de la pureté des intentions, de cette foi religieuse qui seule rend le courage invincible.

S'il n'a rien obtenu du remède de la veille, il doit le lendemain en employer de plus énergiques ; et si ceux connus ne produisent aucun effet, il doit faire appel à toute la puissance et la fécondité de l'intelligence humaine, en inventer de nouveaux.... Quand on a pour soi le droit et l'équité, quand on combat pour la justice, on ne doit s'effrayer ni de la puissance, ni du nombre de ses adversaires, ni de leurs moyens de défense. Je sais cependant qu'il ne suffit pas d'avoir raison, que le difficile est de le faire comprendre à ceux qui sont appelés à nous juger ; je n'ignore pas non plus combien, pour y parvenir, il y a de préjugés à vaincre, d'intérêts et d'amours-propres à ménager, et d'incidens de toutes espèces à écarter, mais rien de ceci n'est impossible, avec de la tenacité on vient

1

à bout de tout ; c'est dans les rigueurs du travail qu'on trouve ce levier puissant avec lequel on renverse les obstacles ; et pour arriver promptement au but, il n'est point à mes yeux de voie plus courte et plus sûre que la voie droite : que la franchise, la loyauté et la justice. Quand on est appelé à dire la vérité, on doit la dire tout entière, sans déguisement, quelque dure qu'elle soit ; autrement ce serait un mensonge, comme le tableau dans lequel on donnerait aux objets une forme et une couleur différentes de celles qui les caractérisent.

Ainsi, pour peindre le système de l'administration (1) que je combats, je n'irai point puiser mes termes dans le vocabulaire politique ; je qualifierai d'infâme ce qui est infâme, d'injuste et de tyrannique ce qui est injuste et tyrannique ; et afin qu'aucune de mes expressions, quelque sévères qu'elles soient, ne paraissent déplacées et qu'on ne puisse douter de la réalité des faits que j'incrimine, je les appuierai de pièces justificatives authentiques ; d'un autre côté, pour faire voir à la Chambre, dans sa hideuse nudité, le fléau qui pèse sur l'agriculture, le commerce et l'industrie, qui en paralyse les efforts et en arrête le développement, je n'attribuerai point au mode, à l'institution, les vices des personnes, et je ne ferai point aux personnes un crime des nécessités de la chose.

Je combats l'erreur des temps, cet esprit traditionnel de fiscalité *étroite* qui, présidant à tous les actes du conseil supérieur de la régie, rétrécit ses idées, obscurcit son jugement, à tel point qu'il préfère à la voie de salut celle qui conduit à l'abîme des révolutions. Cet esprit, je ne saurais mieux le comparer, s'il n'était pas si noir, qu'à la neige qui, couvrant tout à coup de son voile épais les sentiers et les précipices, met les jours du voyageur en péril. Peut-il s'arrêter au milieu de sa route ? Non.... il faut qu'il marche ; qu'il avance ou qu'il recule, le danger est le même ; et s'il tombe, est-il criminel ?....

Tels sont à mes yeux ces hommes que je cherche à faire rentrer dans la voie de salut dont l'erreur sans doute les a fait sortir. Il serait injuste de ne leur tenir aucun compte

____

(1) L'administration des contributions indirectes.

d'une position qu'ils ont trouvée toute faite, et qu'ils ont été forcés d'accepter ainsi, et surtout de cet état de dépendance où chaque membre se trouve placé par rapport au corps; aussi est-ce le corps *seul* que j'attaque; et, quelque grave que soit l'accusation que je porte contre lui, elle ne part que d'un sentiment généreux; je n'ai en vue que la défense de l'opprimé, l'intérêt de la justice et celui de l'état, la prospérité de l'agriculture et du commerce, et par conséquent la consolidation du trône, dont les colonnes ont été si fortement ébranlées par la fiscalité; je viens enfin réclamer l'exécution de ces promesses solennelles qu'on nous a faites à toutes les époques difficiles, et qu'on semble vouloir ajourner indéfiniment.

Je parle et j'agis sans passion. Pourrait-on me supposer de la haine pour des hommes dont je n'ai reçu, moi personnellement, que politesses, auxquels j'ai eu le droit de tout dire; quand surtout je vois aux premiers rangs l'ami intime de mon beau-père, et le protecteur de mon père? Mais puis-je m'arrêter devant de semblables considérations en présence de la gravité du mal? Faudra-t-il aussi que je me taise sur le compte des receveurs principaux, parce que mon père est receveur principal? N'est-ce pas parce qu'on a jusqu'ici respecté les abus, par respect pour les personnes, qu'on les a laissés grandir et se multiplier?

Vivant depuis vingt ans au milieu de cette classe sur laquelle on a accumulé *sans aucun discernement* toutes les rigueurs de l'exercice, témoin des vexations journalières dont elle est l'objet, et de son impuissance contre l'arbitraire, je connais ses besoins, ses exigences et ses détours; familier avec la législation sur les boissons, que j'ai étudiée à l'école de la pratique, j'ai été à même d'apprécier également l'impuissance, l'*iniquité* et le *danger* même de la plupart de ces mesures qu'on a regardées jusqu'ici comme *conservatrices*. (1)

(1) Les acquits-à-caution, *par exemple*, que la régie a regardés jusqu'ici comme la garantie du droit, sont le moyen de fraude le plus préjudiciable aux intérêts du fisc: on arrive avec eux à destination sans courir aucun risque, on laisse la marchandise au débitant, on prend un acquit de retour, sous prétexte de refus; on rapporte l'acquit dans sa poche, et arrivé chez soi on représente aux employés, avec l'acquit-à-caution, un fût ou un panier de même contenance, et ils sont obligés d'en donner décharge. Il y

(4)

Je vais en conséquence mettre sous les yeux de la Chambre le fruit de mon expérience et de mes études, lui démontrer l'urgence d'une réforme dans la législation des boissons, la nécessité de refondre toutes les lois sur la matière en une seule, pour mettre fin à cette multitude de procès qui naissent de leur obscurité et de leur incohérence ; les vices du système actuel, d'où ils proviennent, quelle horrible tyrannie l'administration exerce sur les contribuables, et *principalement* à l'égard des débitans *affranchis*, pour les forcer à rentrer sous le régime de l'exercice, les nombreux motifs pour lesquels la fabrication des liqueurs est libre sous celui de l'affranchissement ; enfin les améliorations qu'il importe d'introduire dans le système actuel, tant dans l'intérêt du trésor que dans celui des contribuables.

On me reprochera peut-être d'entrer dans des détails trop minutieux et jusqu'où la Chambre ne peut descendre ; mais c'est une erreur grave, à laquelle il faut attribuer la majeure partie des imperfections de nos lois fiscales ; car ce n'est qu'en abordant la pratique qu'on rencontre les difficultés, qu'on reconnaît les impossibilités, qu'on aperçoit les abus et qu'on sent la nécessité d'y porter remède, et là seulement qu'on trouve les moyens de le faire.

S'il ne m'a pas été possible, en raison des préoccupations de mon commerce et des dérangemens qu'il m'occasionne à chaque instant, de donner à cet aperçu sur la législation des boissons toute la méthode que j'aurais désirée, on trouvera du moins, à travers ce désordre, un exposé fidèle et consciencieux des véritables causes de la réprobation dont est frappé l'impôt, et les moyens de la faire disparaître.

à plusieurs années que j'ai signalé à l'administration ce genre de fraude, ainsi qu'un autre non moins nuisible ; elle a dû voir, par le nombre des acquits de retour, qu'on en a usé largement jusqu'ici, et cependant elle n'a rien tenté pour l'empêcher, bien que le moyen soit aussi simple que peu gênant.

Mais quand un débitant veut échanger des marchandises qui ne lui conviennent pas, ou que, par suite de son insolvabilité, le vendeur veut les reprendre, les employés, lorsque la prise en charge a eu lieu, n'en autorisent l'enlèvement qu'en leur présence, comme s'il était possible que la voiture du vendeur, qui demeure quelquefois à vingt lieues de là, pût arriver à l'heure où ils sont chez lui : voilà comme elle sait concilier les intérêts du trésor avec les exigences du commerce, dont elle arrête la marche régulière, chaque fois qu'elle veut arrêter la fraude.

A MESSIEURS LES MEMBRES

DE LA

CHAMBRE DES DÉPUTÉS.

***

MESSIEURS LES DÉPUTÉS,

Il est un mal qui depuis long-temps tourmente les contribuables et le gouvernement lui-même, mal qui, portant avec lui des germes de discorde, doit nous faire craindre, dans un avenir peu éloigné, le retour de ces commotions qui ont privé l'état pendant trois années d'une partie de ses ressources. Cette plaie vous a été mise à nu par les nombreuses réclamations qu'a soulevées, surtout depuis 1837, la perception des contributions indirectes. On a beaucoup crié, on s'est plaint avec amertume, et, au lieu d'attaquer ce mal profond dans ses racines, on ne l'a combattu jusqu'ici qu'avec des remèdes qui, n'agissant que sur l'épiderme, ont été impuissans à le guérir : on a reculé devant la seule opération salutaire, qu'on a jugée impraticable d'après les cris que jette le malade au moindre toucher; d'un autre côté, si, pour arrêter les progrès du mal, on diminue la dose de ses alimens, on l'affaiblit, on l'expose à mourir de faim; si on en change la nature, on lui cause un dérangement général, *et rien ne passe;* enfant gâté, il se refuse à tout ce qu'on lui prescrit et on ne le contraint à rien; ce qui est doux lui fait mal au cœur, ce qui est amer lui répugne; il n'y a à lui convenir que les *irritans*, tout justement ce qui lui est le plus contraire.

Dans une position semblable, n'est-ce pas rendre au malade le plus grand service que de le contrarier et de le forcer à faire ou à prendre ce qui seul peut le sauver? Pour moi, Messieurs, qui ai sondé le mal en tout sens, je ne vois qu'un seul moyen de salut pour ce moribond : c'est d'extirper le cancer qui le dévore et nous empoisonne, et comme je sais qu'on ne peut arriver à une extirpation complète qu'en agrandissant la plaie, je ne m'effraierai point, après l'opération, de sa profondeur ni de son étendue, certain que je suis d'en obtenir la cicatrisation par des remèdes dont l'efficacité est connue. Je vais donc, le scalpel à la main, sans me laisser attendrir par les cris du patient, faire autant d'incisions qu'il y a de racines, et enlever jusqu'à la plus petite; puis, pour prévenir les accidens qui sont la suite presque inévitable de toutes les opérations graves, je soumettrai le malade à un régime *doux* et *sévere*, et si, malgré tout, la fievre, l'hémorrhagie ou la gangrène surviennent, je les combattrai par des potions anodines ou narcotiques, la pierre infernale ou le scalpel encore.

Vous avez dû, Messieurs, reconnaître dans ce malade la RÉGIE, qui, chaque fois qu'on veut toucher à ses lois, jette les hauts cris; qui prétend qu'on l'af-

faiblit, qu'on la désarme contre la fraude quand on
fait au commerce quelques concessions; qui ne veut
consentir à aucune amélioration et qu'on ne force à
rien, même à exécuter la loi, à laquelle elle n'obéit
qu'en ce qui est favorable à son despotisme; qui,
dans le sein des Chambres, s'oppose à tout amendement, qui repousse toutes mesures de douceur
comme dangereuses, qui ne vit que de rigueurs et
semble se complaire à irriter les populations. Pour
celui qui, comme moi, Messieurs, la suit pas à pas,
depuis vingt ans, dans sa marche arbitraire, qui, par-
courant les départemens, est témoin des vexations et
de l'irritation qu'elles produisent, voit les abus et entend les plaintes, il n'y a qu'un seul remède pour
échapper à une catastrophe imminente, c'est de faire
enfin droit aux justes et incessantes réclamations du
commerce, d'entrer franchement dans la voie de la
réforme, de soumettre tous les actes de cette administration à un contrôle rigoureux et de la forcer à
un régime doux et sévère; mais, pour cela, il faut
que la Chambre, une fois pénétrée de la gravité du
mal et de l'efficacité du remède, soit sourde aux cris
de la Régie, qui fait tout pour se perpétuer dans un
système qui n'est plus en harmonie avec nos mœurs
et notre constitution, système qu'un directeur général des contributions indirectes a qualifié de *désastreux, immoral* et *vexatoire*. Une telle déclaration
sortie de la bouche d'un chef de cette administration,
ne pouvant être à vos yeux entachée d'une suspicion
légitime, je ne saurais mieux vous peindre le système que je viens combattre, qu'en rapportant tex-
tuellement le discours qu'il a prononcé, devant la
Chambre des députés, le 11 juillet 1814.

« Les finances ont été de tout temps l'objet de la
« sollicitude des gouvernemens ; malheureusement
« on n'a souvent songé qu'à *soutirer* l'argent du peu-
« ple, sans calculer si les impôts, dont on grevait la
« nation, minaient son industrie et démoralisaient sa
« population.

« Tout impôt dont les principes et les conséquen-
« ces ne s'accordent point avec les intérêts de l'agri-
« culture et du commerce et ne se mettent point en
« rapport avec l'esprit national, est nécessairement
« un impôt *désastreux*, d'une perception *difficile*,
« *immorale* et *vexatoire*.

« Loin de moi d'attaquer les sources de l'impôt,
« premier besoin des gouvernemens. Nous connais-
« sons tous les charges énormes de l'état dans les
« circonstances présentes, aussi ne chercherons-nous
« qu'à améliorer ses sources, à assurer ses produits,
« en combinant cette amélioration avec le soulage-
« ment qui est nécessaire aux diverses classes, *pro-*
« *priétaires agricoles, commerçantes* et *industrielles*.

« Les droits sur les boissons doivent sans doute
« être conservés pour alimenter le trésor public, mais
« les formes *odieuses* et les frais énormes de percep-
« tion ne doivent plus exister......... Ce principe
« n'a pas besoin de grands développemens, *il est*
« *dans l'opinion publique, il a l'assentiment gé-*
« *néral, etc.*

« Le projet que je vous propose (1), aussi simple
« dans ses principes que dans son exécution, garantit

____

(1) Il s'agissait de l'inventaire, qui, pour affranchir de l'exercice deux
millions de débitans, l'imposait à quatre ou cinq millions de propriétaires.

« une libre circulation. Le commerce et le débiteur
« n'auront plus sous les yeux des commis *qui, l'exer-*
« *cice à la main, troublent nuit et jour leur repos, leur*
« *tranquillité et compromettent leur fortune.* » ....

Tels étaient, Messieurs, les principes qu'exprimait,
au nom du gouvernement *de la restauration,* l'honorable M. Jalabert, tels sont également les miens, *à
cela près* qu'il ne s'agit point ici de théorie *nouvelle,*
d'innovations *dangereuses,* qui viendraient jeter la
perturbation dans les habitudes des contribuables et
dans la perception, en faisant perdre aux agens du
fisc le fruit de longues études et d'une expérience
laborieusement acquise, par la transition subite
d'un système avec lequel chacun est à peu près iden-
tifié, à un système nouveau pour tout le monde. Je
connais trop, Messieurs, les chances périlleuses de
l'inconnu pour vous engager brusquement dans une
voie, sans l'avoir explorée avec soin. Loin de moi
également toute idée d'attaquer cette branche fé-
conde de la fortune publique, j'appelle seulement de
tous mes vœux *cette réforme,* dont l'urgence, si souvent proclamée par le gouvernement lui-même, est
devenue aujourd'hui une *impérieuse* nécessité; aussi
ai-je l'espoir que la Chambre, dans sa sollicitude pour
les intérêts qui lui sont confiés, prendra en considération les justes et respectueuses doléances du commerce et qu'usant cette année de son droit d'initiative,
comme elle l'a fait en 1832, elle nommera, parmi les
hommes spéciaux, une commission chargée de re-
cueillir tous les renseignemens propres à l'éclairer sur
le véritable état des choses et de refondre toutes les
lois sur la matière en une seule, dont la rédaction

claire ne soit plus une source intarissable de procès ruineux pour le contribuable, et afin qu'il n'y ait plus incertitude dans le commandement ni hésitation dans l'obéissance.

C'est en rapprochant de chaque article de loi les arrêts auxquels il a donné lieu, que la commission verra quels changemens il importe d'y introduire, pour garantir tout à la fois les intérêts du trésor et ceux du commerce.

Si vingt-cinq années d'expérience ont démontré l'inutilité de certaines mesures gênantes et vexatoires, elles ont, d'un autre côté, fait sentir à l'administration la nécessité d'en créer de nouvelles contre la fraude, qui, habituée à ne voir que les mêmes obstacles, a fini par trouver le moyen de les tourner. Cette révision est donc autant dans l'intérêt de la régie que dans celui du commerce.

Du reste, Messieurs, ce n'est pas d'aujourd'hui que ce besoin se fait sentir, comme vous allez le voir par le rapport de la commission chargée de l'examen de la loi sur les fabriques de liqueurs, dans la séance du 13 mai 1824.

« M. DE LA TOURS, *rapporteur :* Messieurs, il est
« généralement reconnu que notre législation sur
« les contributions indirectes est susceptible de nom-
« breuses modifications *également utiles au fisc et*
« *aux contribuables ;* une longue expérience en a
« prouvé *la nécessité,* des plaintes universelles *en ont*
« *fait un devoir.* Comment se fait-il que le gouver-
« nement se borne en ce moment à la proposition
« de quelques légers changemens, qui annoncent
« eux-mêmes la nécessité de changemens bien plus

« importans dans le système *général* de nos impôts
« indirects, et *notamment* DANS LA PARTIE DES BOISSONS.

« Telles ont été, Messieurs, les premières réflexions
« de votre commission, elle a pensé qu'au lieu de
« réviser quelques articles isolés de la loi du 28 avril
« 1816, ON AURAIT DU LA SOUMETTRE A UNE REFONTE
« GÉNÉRALE, qui eût permis de niveler les tarifs et de
« les rendre *moins onéreux à l'industrie et à l'agri-*
« *culture*.

« En attendant que le vœu de votre commission
« puisse être accompli, nous allons examiner, etc.... »

Cette loi, du 28 avril 1816, qui, votée provisoire-
ment au milieu de préoccupations graves, devait
être incessamment soumise à une révision, n'est
plus aujourd'hui qu'un cadavre mutilé par des milliers d'arrêts contradictoires, par plusieurs ordon-
nances et par une quinzaine de lois postérieures,
qui toutes en dénaturent le sens, *sans en effacer
un mot* et dont chacune se termine par un article
qui déclare abrogées toutes dispositions contraires
des lois antérieures, *sans en spécifier aucune*. De là
cette multitude d'interprétations différentes, source,
comme je viens de le dire, de procès sans cesse
renaissans ; car si la loi ne doit être ignorée de
personne, il n'en est pas ainsi des décisions judi-
ciaires, qui ne sont connues, à proprement parler,
que de l'administration qui les enregistre avec soin
et les classe avec ordre.

Parmi les nombreux modes de perception proposés
à la Chambre en remplacement du système actuel, presque tous ont l'immense inconvénient de porter avec eux

la désorganisation dans des services régulièrement établis ; tous, il faut l'avouer, sont d'une exécution, sinon impossible, du moins fort difficile, et seraient loin d'être aussi productifs que le système actuel ; c'est donc une raison pour chercher à le perfectionner et à l'établir sur des bases solides, en le dépouillant de tout ce qui le rend odieux au peuple.

La loi du 21 avril 1832 nous a prouvé qu'il était facile d'atteindre ce but, et que l'exercice, avec la faculté d'affranchissement et d'abonnement, est, de tous les modes, celui qui présente le plus d'avantages et le moins d'inconvéniens. Sans cette faculté, au contraire, l'exercice est incompatible avec nos mœurs constitutionnelles et blesse la dignité des citoyens, en ce qu'il ne respecte rien. C'est un état de servitude imposée à des gens libres, qui place les hommes, même les plus respectables par leur âge, leur position sociale et leurs habitudes, sous le despotisme intolérant de jeunes employés, tourmentés la plupart du temps par un zèle ambitieux, et dans les mains desquels le pouvoir discrétionnaire de la Régie devient une arme dangereuse.

Il ne faut pas perdre de vue que c'est aux lois sur l'affranchissement et à la faculté qu'elles ont donnée au débitant de choisir lui-même la position qui convient le mieux à ses intérêts et à ses goûts, qu'est dû le rétablissement du calme dans la perception, et, par suite, cette harmonie presque miraculeuse qui a régné pendant cinq années entre les contribuables et les agens de la Régie (1), mais qui a cessé d'exister le jour où ces

____

(1) Voir la relation des événemens de 1830, pages 9 et 10 du Mémoire en faveur des rédimés.

derniers ont cherché par des voies détournées à rendre l'affranchissement illusoire.

Il n'existe, Messieurs, qu'un seul moyen de rétablir cet heureux accord : c'est d'entourer l'affranchissement de garanties solides ; vous verrez bientôt la Régie, abandonnant d'elle-même ses habitudes tracassières, traiter avec égard les débitans exercés, dans la crainte de les voir échapper à sa domination ; l'affranchissement est un refuge contre les vexations ; c'est le tombeau du despotisme de la Régie ; aussi lui est-il antipathique!!!..... Voilà le mot de l'énigme, la source des vexations de tous genres exercées contre les rédimés.

Tourmentée de l'idée fixe qu'il y a fraude partout où elle n'a pas l'œil, tous les efforts de l'administration tendent depuis trois ans à la reprise des exercices, et, pour y arriver, il n'est pas de moyens qu'elle n'ait mis en jeu ; le plus perfide de tous est le procès intenté aux débitans rédimés. En leur contestant le droit de disposer comme ils l'entendent, *intra muros*, de l'alcool sur lequel ils ont acquitté les droits, elle a trouvé le secret, *sans qu'on s'en doute*, de tenir la porte de leur domicile constamment ouverte à ses agens, qui vont les exercer aussi souvent qu'il leur plaît de supposer qu'ils se livrent à la fabrication des liqueurs.

Vous comprendrez en effet, Messieurs, qu'une réserve, de quelque nature qu'elle soit, doit rendre l'affranchissement illusoire, puisqu'en appelant la surveillance *intérieure* des employés, elle leur constituerait le droit arbitraire de *visites*, de *perquisitions*, et par suite *celui d'exercice* pour s'assurer s'il n'y a pas infraction, et aurait pour résultat *nécessaire* de maintenir ce que les articles 35, 41 et 45 de la loi du 21 avril 1832, ont eu pour but d'abolir.

Qu'ont demandé en 1830 les débitans?

De pouvoir s'affranchir (*intra muros domus aut urbis*) de toutes les formalités *de l'exercice*, DES DÉCLARATIONS (1), *des visites, des prises en charge, de la dégustation* et *du jaugeage des liquides*, et surtout *de ce droit infernal de perquisitions*, qui résume en lui tout ce que l'exercice a de plus révoltant.

Vous leur avez accordé, Messieurs, cette faculté par les articles 35 et 41 de la loi du 21 avril 1832, *au moyen du paiement de tous les droits à l'arrivée* (2); et dans une sage prévision de ce qui est arrivé, pour empêcher que la Régie ne pût, par des moyens *détournés*, les troubler dans l'exercice de ce droit, vous avez, par l'article 45 de la même loi, déclaré abrogées toutes dispositions contraires des lois antérieures.

Ne résulte-t-il pas clairement de la combinaison de ces trois articles que l'affranchissement des exercices est *absolu*, du moment qu'il n'a été stipulé *aucune réserve*? que la Régie n'a plus, comme l'a fort bien dit l'administration dans sa circulaire 44, page 5, *au-*

____

(1) ..... Ils sont même dispensés de toutes déclarations pour leur commerce. (*Annales*, tome 1er, page 205, § 135.)

(2) A L'ARRIVÉE. ... Par ce mot, la Chambre n'a, certes, pas entendu limiter le droit de s'affranchir au jour seulement de l'arrivée des boissons, comme le fait la Régie qui défend à ses buralistes de recevoir le montant des droits après l'expiration des vingt-quatre heures, parce qu'elle sait qu'en raison de l'éloignement des bureaux dans les campagnes, il leur est presque impossible d'en effectuer le versement dans un délai aussi court. C'est un des mille moyens qu'elle emploie pour forcer le débitant *à rester* ou *à rentrer* sous le régime de l'exercice.

cune action à exercer sur les débitans *rédimés*, qui sont assimilés par l'article 41 aux simples consommateurs.... et qui, ajoute-t-elle dans ses annales, tome 1ᵉʳ, page 205, § 135, *sont même dispensés de toute déclaration pour leur commerce?*... Ils peuvent donc faire, *intra muros seulement*, tout ce que bon leur semble de l'alcool sur lequel ils ont acquitté les droits, le réduire, le sucrer, l'aromatiser, en faire, en un mot, des liqueurs comme les consommateurs, *à cette exception près*, que ces derniers, qui ne paient ni licence, ni patente, ne peuvent les faire consommer que gratuitement, tandis que le débitant rédimé peut les vendre en vertu de sa licence. Cette différence n'existe cependant qu'à l'égard des débitans affranchis *isolément*; car, dans les villes entièrement rédimées, le débitant et le consommateur sont placés sur la même ligne par le paiement de la taxe unique, dans la formation de laquelle est compris le produit des licences, qui se trouve alors supporté par l'un comme par l'autre (1).

Toute la question pourrait donc se réduire à ces termes : Les dispositions de l'article 1ᵉʳ de la loi du 24 juin 1824 sont-elles conciliables avec celles des articles 35 et 41 de la loi du 21 avril 1832?... Non..., puisqu'on ne peut être tout à la fois affranchi de l'exercice et rester soumis à des déclarations qui en sont *la première formalité et un appel à toutes les autres*... Qui veut la fin veut les moyens... L'article 1ᵉʳ de la loi du 24 juin 1824, en supposant qu'il

---

(1) Dans les villes entièrement rédimées, il ne peut être fait aucune distinction entre les simples consommateurs et les vendans en détail sur lesquels la Régie n'a plus aucune action à exercer. (*Circulaire* 44, du 22 mai de l'an de GRACE 1832.)

fût applicable au débitant (1), serait donc du nombre des articles abrogés par l'article 45 de cette dernière loi, comme contraires à l'affranchissement.

La Régie, du reste, qui a professé ce principe pendant cinq années consécutives, l'a proclamé dans ses annales, tome 1er, page 203, § 125, où il est dit..... « *Sous ce mode de perception* (la taxe unique) LA « FABRICATION DES LIQUEURS EST LIBRE, mais le droit de « consommation est dû, COMME CELA SE PRATIQUE A « PARIS, sur toute quantité expédiée en dehors du lieu « rédimé.... » Cela se conçoit : le privilége expirant sur le seuil de la porte aussitôt que les liquides l'ont franchi, ils retombent sous l'empire de la loi commune.

Ainsi, il est constant, d'après l'administration elle-même, que l'intention du législateur a été de soumettre les villes rédimées au même régime que la ville de Paris, dans l'intérieur de laquelle la fabrication des liqueurs a été libre de tout temps, sans qu'aucune disposition législative ne l'ait autorisée, comme elle l'est d'ailleurs partout où il y a affranchissement, par suite de l'absence de tout contrôle (2), la fabrication des liqueurs n'étant qu'un mélange, dont les proportions varient à l'infini, qu'il serait impossible d'empêcher *autrement que par l'exercice*, encore ce moyen

---

(1) Voir les motifs de la loi du 24 juin 1824, page 53 du Mémoire, où il est dit « que la loi n'est devenue nécessaire, par rapport aux marchands en « gros, que depuis qu'ils ne sont plus soumis au même régime d'exercice « que les débitans, et que, par rapport à ces derniers, on ne réclame aucune « disposition nouvelle ; » et l'article 2 de la loi ajoute « qu'ils resteront as- « sujétis aux dispositions du chapitre III de la loi du 28 avril 1816. » D'a- près cela, la loi leur est-elle applicable?

(2) Voir l'exposé de la législation relative à Paris, depuis 1806 jusqu'à ce jour, page 57 du Mémoire.

est-il presque toujours sans résultat efficace ; c'est,
pour me servir de l'expression de la Régie, la bouteille à l'encre.... l'ombre qu'on voit et qu'on ne peut
saisir....

Mais l'administration s'est ravisée ; elle prétend aujourd'hui que la loi du 24 juin 1824 a placé Paris
dans une position exceptionnelle.

De laquelle des lois du 24 juin 1824 entend-elle
parler ? Est-ce de celle relative à la perception ou de
celle relative à la fabrication des liqueurs ?

Si c'est de la première, voyons si, comme elle le dit,
on aurait calculé, lors de la formation de la taxe unique de Paris, *la perte* qui peut résulter pour le trésor
de la libre fabrication des liqueurs, et si on a *en
conséquence* fixé le droit à un taux plus élevé que
dans les villes rédimées.

L'article 2 porte à 50 francs par hectolitre, pour
tout le royaume, *sans excepter* Paris, le droit de
consommation sur les alcools, en remplacement des
droits de circulation et de consommation ou de détail
et règle le droit d'entrée dans les villes, en raison de
leur population, savoir :

Pour les communes	de	1,500 à	4,000....	3	
		4,000	6,000....	4	
		6,000	10,000....	5	
		10,000	15,000....	7	
		15,000	20,000....	10	par hectolitre.
		20,000	30,000....	15	
		30,000	50,000....	20	
		50,000 et au dessus (Paris, 1 million d'hab.).		25	

L'article 3 fixe à 75 fr. le droit unique qui doit
être payé par hectolitre d'alcool pur à l'entrée de Pa-

ris, pour l'équivalent et en remplacement des droits *mentionnés en l'article 2.*

Ainsi il est bien établi que la taxe unique de Paris ne remplace que le droit général de consomma-tion.................................. 5o fr.

et le droit d'entrée fixé pour les villes de 5o,ooo âmes et au-dessus. 25   } Total. 75 fr.

Il n'existe donc aucune différence entre la position de Paris et celle des autres villes, si ce n'est par rapport au paiement du droit de licence, qui vient élever la taxe unique des villes rédimées au-dessus de la sienne de 1, 2 ou 3 francs par hectolitre, suivant l'importance de son produit, parce que les débitans n'ayant jamais été exercés dans Paris, la régie manquait de base pour établir la quotité de ce droit. Serait-ce donc parce qu'en raison de sa population et des avantages immenses qu'il possède par ailleurs, Paris paie moins de droit sur ses alcools que les villes rédimées, qu'il faut encore le traiter plus favorablement? Ce serait bien mal comprendre l'égalité devant la loi qui fait la base de notre constitution.

D'un autre côté, si l'on s'attache à la valeur des mots, quelle différence peut-il exister, aux yeux de tout homme de sens, entre une ville où il ne doit point y avoir d'exercice et celle où l'exercice est sup-primé? Aucune, si ce n'est que les villes rédimées peu-vent rentrer, lorsqu'elles le veulent, sous le régime de l'exercice, et que cette faculté est interdite à Paris, où l'exercice est impraticable. Mais cette distinction est tout-à-fait en dehors de la question. Et si on considère cette faculté comme un avantage pour les villes rédi-mées, n'est-il pas acheté par le paiement du droit de licence dont Paris se trouve exempté?

(19)

Paris a cessé d'être dans une position exceptionnelle le jour où les autres villes ont obtenu la faculté de payer comme lui tous les droits à l'entrée, pour n'être plus soumis aux formalités gênantes de l'exercice.

Est-ce de la loi du même jour sur la fabrication des liqueurs, dont la régie veut parler?

Mais les termes de l'article 1er de cette loi: *Nul ne peut exercer la profession de fabricant de liqueurs*, etc., sont absolus et généraux, et aucun autre article ne contient de disposition exceptionnelle en faveur de la capitale; cependant la fabrication des liqueurs y est libre. Et pourquoi? Par mille raisons dont voici les principales; c'est:

1° Parce que l'affranchissement n'admet aucune réserve (*voir page* 13, § 4);

2° Parce que l'impôt n'est dû sur les alcools, pour les envois faits aux consommateurs et aux rédimés, qui leur sont assimilés par l'art. 41, *que d'après l'état où ils se trouvent au moment du paiement des droits* (*circulaire, n° 8, page* 5, § 2);

3° Parce que ce mode de paiement est un abonnement, une transaction par laquelle la Régie et le rédimé renoncent aux bénéfices et aux charges qui résultent pour chacun d'eux du régime de l'exercice (*même circulaire, même paragraphe. Voir le tableau des avantages et des charges de l'affranchissement, page* 6 *et* 7, *premier numéro du journal* le Censeur de la Régie);

4° Parce qu'enfin la fabrication des liqueurs n'est qu'une modification de l'alcool, sur lequel l'impôt

2.

ayant été perçu comme *eau-de-vie,* ne peut l'être sans injustice comme *liqueur* (1).

5° Parce que tous les articles du chapitre 3 relatifs à l'exercice chez les débitans étant abrogés en faveur de celui qui paie ses droits à l'arrivée, il ne reste à la régie aucun moyen de prouver qu'il y a ou qu'il y a eu fabrication, surtout dans une ville où la circulation est libre. Sur quoi, en l'absence des articles 52, 53, 54 et 56 de la loi du 28 avril 1816, reposent ces comptes établis au portatif, ces recensemens, ces prises en charge, le pesage, la dégustation et le jaugeage des liquides? Ne sont-ce pas autant d'actes illégaux qui entraînent la nullité des procès-verbaux et qui réduisent les débats à une simple question préjudicielle?

Comment établir, d'un autre côté, dans une ville rédimée, qu'il y a présentement ou qu'il y a eu fabrication?

Sera-ce parce qu'on trouvera en ébullition un alambic renfermant de l'alcool avec des graines, des fruits ou des fleurs et qu'il en sort une eau-de-vie aromatisée, telle qu'absinthe, genièvre, eau-de-vie anisée, etc.,

______

(1) . . . . On trouve l'application de ce principe dans l'ordonnance du 2 janvier 1819, relative aux droits d'entrée dans Paris.

« Le droit est dû, POUR LA FABRICATION DANS L'INTÉRIEUR, comme à « L'ENTRÉE, sur les vins, eaux-de-vie, vinaigres, cidres, poirés, verjus, hydro- « mels et autres boissons ou liquides (LIQUEURS *par conséquent*), LORSQUE « LES SUBSTANCES EMPLOYÉES NE SONT ASSUJÉTIES A AUCUN DROIT. » *Non bis in idem.* L'ordonnance ne dit pas : lorsque les substances ONT PAYÉ les droits à l'entrée, parce qu'il est de principe que la présence seule des objets soumis aux droits, dans un lieu affranchi de l'exercice, entraîne la présomption de leur paiement.

Qu'est-ce que la fabrication des liqueurs dans une ville rédimée? UN MÉLANGE de sucre et d'alcool, dont tous les droits ont été payés à l'entrée, et d'eau, qui n'en doit pas.

destinée la plupart du temps à être consommée dans cet état, et qui ne peut, en aucun cas et à aucun titre, être considérée comme liqueur, tant qu'elle marque à l'aréomètre son véritable degré, ni imposée autrement qu'en raison de l'alcool qu'elle contient?

Prétendra-t-on qu'elle n'a pas acquitté les droits, qu'elle provient d'une fabrication frauduleuse? Sa présence seule *intra muros* n'entraîne-t-elle pas la présomption du paiement de tous les droits?

Alléguera-t-on que cette opération porte préjudice aux intérêts du fisc, ou présente quelque danger pour la perception?

Préjudice. — Mais est-il possible de rectifier des eaux-de-vie, sans qu'il y ait perte pour celui qui opère, de 5, 10 ou 15 p. o/o, sur la quantité et le dégré, par suite de l'évaporation, etc.? Et cette perte n'est-elle pas un avantage pour le trésor, du moment qu'elle vient augmenter la consommation?

Danger. — Mais dès que cette opération n'en présente aucun à Paris, y a-t-il lieu d'en craindre dans les villes où le droit est moins élevé, et où la fraude par conséquent offre beaucoup moins d'appât?

Sera-ce parce qu'on trouvera purement et simplement des fruits, ou, *comme chez les sieurs Leroux frères*, des fleurs ou des graines à infuser dans l'eau-de-vie?

Mais ce n'est point encore là de la liqueur, et ce qui le prouve, c'est que l'administration autorise cette opération dans sa circulaire 170 (1); c'est faire, du reste,

---

(1) INTERDICTION DE LA FABRICATION DES LIQUEURS. — FRUITS A L'EAU-DE-VIE. — . . . . . . Ils pourront seulement préparer, avec l'alcool en leur possession, des fruits entiers à l'eau-de-vie. (*Circulaire* 170.)

par infusion, ce qu'on obtient au moyen de l'alambic; c'est une eau-de-vie aromatisée et rien de plus.

Conclura-t-on de la présence, chez un débitant, d'une quantité plus ou moins grande de liqueurs, qu'il les a fabriquées, qu'il est en excédant?

Que signifie ce dernier mot, qui n'a de sens que dans le vocabulaire de l'exercice et qui entraîne avec lui l'idée d'un compte régulier d'entrée, de sortie, etc.?

Lui demandera-t-on la représentation des expéditions ou la quittance des droits? Tout ceci n'est-il pas monstrueusement absurde dans une ville où les boissons, après avoir franchi la barrière, passent de mains en mains sans aucunes formalités?

L'expédition. — Ne sait-on pas qu'elle reste à la barrière, et que dans une ville rédimée on est dispensé d'indiquer le destinataire? Comment reconnaître alors celle qui lui appartient?

La quittance. — Mais s'il a acheté son alcool chez un de ses confrères qui en avait fait entrer 10 pièces à la fois, pour lesquelles il n'a eu qu'une quittance, faudra-t-il que ce dernier coupe un morceau de sa quittance pour accompagner chaque pièce ou chaque panier qu'il vend séparément?

Sera-ce enfin parce qu'on trouvera chez lui ce que la Régie appelle des préparations de liqueurs : *de l'eau-de-vie aromatisée et des sirops aromatisés ou non prêts à mélange?* Il n'y a rien là qui ait le caractère de liqueur, et la fraude ne se présume pas. Si la régie avait le droit de saisir les sirops aromatisés, où en seraient les confiseurs?

Si le mélange est opéré, c'est bien alors de la liqueur; mais comment prouver qu'elle a été fabriquée *intra muros?* comment la distinguer de celle dont les droits ont été payés à l'entrée? Et quand on demandera au débitant ce qu'il fait, il aura le droit de répondre : cela ne vous regarde pas. Comment n'aurait-il pas dans son domicile un droit qui lui est acquis dans la rue?

Je m'arrête, car on pourrait faire un volume de l'argument *ab absurdo*, que je ne voudrais pas développer devant des praticiens, dans la crainte de faire injure à leur bon sens. Ainsi, je ne saurais mieux comparer l'administration qu'au chien qui met toute son ardeur à courir après l'ombre d'un papillon, sans espoir de l'attraper. La fabrication des liqueurs est insaisissable dans un lieu rédimé, sans la violation de toutes les lois et la subversion de tous les principes.

Que devient maintenant cet argument, en apparence si victorieux, devant lequel s'inclinent les sommités du barreau : *L'article 41 n'affranchit le débitant que pour la vente et non pour la fabrication des liqueurs ?...*, du moment que la Régie n'a aucun moyen de l'empêcher.

Parmi tous ces argumens n'y en aura-t-il donc pas un de victorieux! Combien faut-il donc d'axiomes pour établir son droit? La Régie a proclamé tous ces principes dans ses circulaires, dans ses ouvrages classiques et les a mis en pratique le moins pendant 7 ans, et on ne veut pas la croire! A quoi cela tient-il donc?

A ce qu'on fait céder les principes, la lettre même de la loi à des considérations secondaires; *parce que,* dit-on, *il y a perte pour le trésor et préjudice pour les marchands en gros et débitans exercés* (1)... Eh!

---

(1) Comptant peu sur son droit, l'administration, dans sa circulaire 170, page 4, § 1er, et devant le rapporteur de la Chambre, se retranche derrière

qu'importe aux tribunaux, dont la mission est d'appliquer la loi dans toute la rigueur de ses termes et auxquels il est interdit de la juger. — Mais il y a doute, il y a lacune; la loi ne dit pas que la fabrication des liqueurs sera libre chez les débitans rédimés; l'affranchissement, d'ailleurs, est une concession faite à l'émeute dans des circonstances difficiles, et la loi qui l'a créé doit s'entendre dans le sens le plus restreint.

— *Le doute* doit s'interpréter en faveur du contribuable.

— *S'il y a lacune,* elle doit lui profiter.

La loi ne dit pas que la fabrication des liqueurs sera libre chez les débitans rédimés. — Mais quand elle prononce la suppression de l'exercice chez les débitans qui paient à l'arrivée le droit sur les alcools, ne leur donne-t-elle pas la faculté de les faire consommer comme ils l'entendent *intra muros?* En abrogeant l'exercice, n'abroge-t-elle pas les déclarations qui en sont la première formalité, et, comme je l'ai dit, un appel à toutes les autres? Faut-il donc, quand on dit qu'il est nuit, ajouter qu'il ne fait pas jour ?...

C'est une concession faite à l'émeute. — Que l'affranchissement soit ou non une concession faite à l'émeute, tant que la loi qui l'a créé n'aura pas été rap-

---

la raison d'état et invoque des considérations d'équité. « L'affranchissement, « dit-elle, étant une concession faite à l'émeute dans des circonstances difficiles, la loi qui l'a créé doit s'entendre dans le sens le plus restreint; il « n'a pu entrer dans l'esprit du législateur d'affranchir le débitant pour la « fabrication des liqueurs; car c'eût été établir dans la répartition de l'impôt une inégalité *très nuisible* aux liquoristes marchands en gros et débitans exercés, dont les liqueurs *achetées* ou *fabriquées par eux* sont « frappées de la totalité du droit de consommation et d'entrée, tandis que « celles fabriquées *intra muros,* par les débitans *rédimés,* ne paient de « droit qu'en raison de l'alcool qu'elles contiennent. »

portée, elle doit recevoir son exécution pleine et entière.

Il y a perte pour le trésor. — N'ai-je pas, au contraire, prouvé jusqu'à l'évidence, dans le tableau
des avantages et des charges de l'affranchissement,
pages 6 et 7, premier numéro du journal le Censeur
de la Régie, qu'il y avait bénéfice pour lui?

*Il y a préjudice pour les liquoristes marchands en
gros et débitans exercés.* — Se sont-ils plaints? et s'ils
l'ont fait, ont-ils donné une seule raison qu'on ne
puisse repousser par le droit et l'équité? Examinons
d'ailleurs quelle est leur position par rapport aux
débitans liquoristes *rédimés* (1) :

Relativement aux ventes faites avec expédition
extra muros, ils se trouvent, certes, dans une position trop favorable pour se plaindre ; car LES
RÉDIMÉS, ne fabriquant leurs liqueurs qu'avec des
eaux-de-vie sur lesquelles ils ont acquitté les droits
de consommation et d'entrée, ne peuvent évidemment soutenir la concurrence *extra muros* avec eux
(les marchands en gros et débitans EXERCÉS), *qui obtien-
nent décharge de tous les droits de l'eau-de-vie qui
entre dans leur fabrication;* c'est tellement vrai que
les liquoristes de Paris ont senti la nécessité d'avoir,
à l'extérieur, un atelier de fabrication *exercé;* de
même que les marchands en gros et débitans EXERCÉS
du dehors ne peuvent soutenir la concurrence, *intra
muros,* avec les RÉDIMÉS, parce que les liqueurs qu'ils

____

(1) ..... Quand la Régie dit, dans sa décision du 30 janvier 1834 (circulaire 75), « que les débitans EXERCÉS et *les liquoristes débitans* EXERCÉS
« pourront expédier à toute destination toute quantité de liqueurs tant en
« cercles qu'en bouteilles, » n'a-t-elle pas reconnu à ces derniers le droit
de se rédimer?

achètent ou fabriquent sont, comme le dit fort bien la Régie, frappées, lors de leur vente ou de leur introduction, de la totalité du droit de consommation et d'entrée ; tandis que celles fabriquées *intra muros* par LES RÉDIMÉS *ne paient de droit qu'en raison de l'alcool qu'elles contiennent*, puisque l'eau, le sucre et le parfum, qui ne sont mêlés à l'alcool *qu'après son entrée*, ne se trouvent point imposés ; il faut alors que les liquoristes EXERCÉS du dehors aient *intra muros* un atelier affranchi, par la même raison que les RÉDIMÉS sentent la nécessité d'en avoir un *exercé extra muros*. Il ne dépend donc que des premiers de se placer sur la même ligne que les derniers, du moment que l'affranchissement est facultatif.

Chacune de ces conditions ayant ses bénéfices et ses charges, personne n'a droit de se plaindre de celle qu'il a choisie *lui-même*, comme plus convenable à ses intérêts et à ses goûts.

La fabrication des liqueurs n'est donc que *le prétexte*, et l'exercice *le but*. Si la Chambre pouvait en douter encore, qu'elle jette un coup d'œil sur la circulaire 170, où viennent se grouper et se confondre les principes d'Escobard et de Machiavel avec ceux de la fiscalité, elle verra jusqu'à quel point on a défiguré son œuvre, si l'affranchissement n'est pas devenu entre les mains de la Régie une incroyable déception, si le débitant affranchi de toutes les formalités de l'exercice a cessé d'être soumis aux déclarations, aux visites, aux perquisitions, au jaugeage, au pesage et à la dégustation de ses liquides, s'il n'a pas continué d'avoir sur les portatifs son compte d'entrée et de sorties, d'être assujéti, comme avant sa rédemption, à des recensemens dont la fréquence dépend uniquement du caprice des employés, si enfin on lui a enlevé de l'exercice autre chose que les bénéfices ; car que lui manque-t-il pour que l'exercice soit complet ? La remise de 3 p. o⟨⟩o et les nombreuses décharges, auxquelles a droit le débitant *exercé*,

En prononçant la suppression de l'exercice, *vous n'avez entendu*, dit l'administration, *affranchir le débitant que des exercices* JOURNALIERS *et de quelques formalités qui en sont la conséquence, et vous l'avez laissé assujéti par ailleurs aux obligations inhérentes à la position qu'il a choisie ;* ce qui signifie en langage *vulgaire*, à toutes les obligations imposées aux débitans exercés, à cette seule différence près qu'il est interdit aux employés d'aller à chaque tournée chez les rédimés. Mais l'administration a trouvé, dans l'art. 237 de la loi du 28 avril 1816, un moyen d'éluder cette disposition (1), et les employés ont été autorisés à les exercer aussi souvent qu'il leur plairait, en prétextant qu'ils se livrent à la fabrication des liqueurs. Et comme, aux termes de cet article, ils ne peuvent s'introduire chez les personnes affranchies

---

(1) Quant aux visites autorisées par l'article 237, elles ne peuvent avoir lieu chez les débitans rédimés qu'en cas de soupçon de fraude sur des objets étrangers aux liquides affranchis, tels que les tabacs, la poudre à tirer, les cartes à jouer, les bijoux et autres objets soumis au contrôle et à la surveillance de la Régie ; visites qui ont eu lieu même dans l'intérieur de PARIS, et beaucoup plus souvent là que partout ailleurs. Mais il n'est venu à l'idée de personne de peser, déguster et compter les liquides. On peut à des signes certains reconnaître les objets ci-dessus quand ils sont en fraude : les cartes n'ont pas de timbre, ni les bijoux de contrôle, ou en portent de faux. Mais, je le répète, à quel signe reconnaître les liqueurs fabriquées ou reçues en fraude de celles qui ont acquitté les droits ? Et les eaux-de-vie ? sera-ce par le degré ? Mais elles peuvent avoir été depuis rectifiées ou réduites. Tout est absurdité dans cette question. . . . C'est en voulant avoir jusqu'à la dernière goutte du vin qui est dans le marc que le vigneron brise son pressoir.

des exercices qu'assistés d'un officier de police et porteurs d'un ordre écrit et nominatif d'un chef supérieur, on leur en a fait délivrer une certaine quantité *signés en blanc* et sur lesquels ils n'ont à ajouter que la date et le nom du débitant au moment où il leur prend envie de l'exercer. Ainsi l'administration, en supposant même que cet article fût applicable dans l'espèce, en violerait encore l'esprit, en abandonnant à des employés *subalternes* une appréciation qui n'appartient qu'aux employés *supérieurs*.

Restait encore la formalité gênante de l'officier de police. Voici l'expédient au moyen duquel on s'en est affranchi dès le premier jour dans certaines recettes : « Nous savons bien, disait-on aux débitans, que « vous pouvez exiger la présence du maire, de l'ad- « joint ou du commissaire de police ; mais en nous « refusant votre porte, vous nous donneriez à pen- « ser que vous êtes en fraude, et nous nous montre- « rons d'autant plus sévères que vous nous aurez fait « plus de difficultés. » Il n'est venu à l'idée d'aucun rédimé de résister, habitués que sont les débitans à ne jamais avoir raison contre la Régie ; et on les a exercés, je ne dirai pas sans plus de formalités qu'auparavant, parce qu'on a poussé l'absurdité jusqu'à distinguer sur les portatifs (ce qu'on n'a jamais fait chez les débitans exercés) chaque bouteille de liqueur *par son nom*, comme si elles en avaient de consacré par la loi.

Dans d'autres recettes, affichant un grand luxe de légalité, les employés arrivent escortés d'un contrôleur et d'un officier de police, et au besoin d'une brigade de gendarmerie ; alors, au lieu d'être exercés, comme ils l'étaient auparavant, par deux employés, ils le sont par quatre : voilà ce qu'ils gagnent à être affranchis. Si le débitant veut défendre ses droits, la maison est mise en état de siége, on le fait empoigner et reléguer dans un coin, pendant qu'on l'exerce dans l'autre. (*Voir la pièce timbrée n° 8.*)

Est-ce de la sorte, Messieurs, que vous avez entendu améliorer la position des débitans ?

Ainsi s'écroule, Messieurs, cet échafaudage de sophismes et d'argumens aussi captieux qu'erronés, à l'aide desquels on est parvenu à tromper la réligion des tribunaux, et à priver le débitant de l'exercice d'un droit qu'il tenait de votre initiative.

Tel a été, du reste, et tel sera tôt ou tard le sort de toutes les améliorations qui émaneront de la Chambre; et quand, au moyen de la combinaison de plusieurs articles, on n'aura pu en obtenir l'annulation par la voie des tribunaux, on viendra *le dernier jour d'une session*, comme en 1837, vous en demander le rapport, en vous les représentant comme une porte ouverte à la fraude, qu'il faut s'empresser de fermer, *autant dans l'intérêt des négocians de bonne foi que dans celui du trésor;* ou, prétextant des besoins, comme on l'a fait dans la même session, *sans pouvoir les justifier,* on sollicitera une augmentation de droits *pour avoir occasion d'introduire dans la rédaction de quelque article un de ces mots* dont la Chambre ne peut soupçonner l'effet *magique* (1).

____

(1) *Dans l'intérêt des négocians de bonne foi.* — Tout le monde sait comment les bouilleurs de crû, fabricans de kirchs, et les marchands en gros de toute la France ont accueilli cette *haute* preuve d'intérêt : et il y en avait sans doute dans le nombre quelques-uns de bonne foi.

Les propriétaires fabricans de kirchs de la vallée de Villé ont dû céder

C'est ainsi qu'on est parvenu à ravir aux marchands en gros les avantages de la loi de 1824, dont les sages dispositions étaient l'œuvre de la Chambre, et que la fixation du taux de la remise a été abandonnée à l'arbitraire de la Régie; qu'on a enlevé les propriétaires fabricans de kirchs à leur existence paisible, pour les soumettre à l'exercice, et *qu'on a voulu escamoter l'affranchissement* (1).

Il est bon, Messieurs, que vous sachiez à quel expédient on avait eu recours.

Lorsque l'administration conçut le projet de contester aux villes rédimées le droit de fabriquer des li-

---

à la force des baïonnettes; *en revanche*, la Régie a reculé devant la résistance de ceux de Fougerolles, à la tête desquels était le maire ! force étant restée à la révolte, cette loi d'amour n'a pu être exécutée.

D'un autre côté, le ministère, effrayé de l'unanimité des réclamations du commerce et des mémoires adressés au roi, a retiré l'ordonnance du 21 août 1837, relative au déchet sur les liquides.

Qu'en conclure?.... Ou l'administration trompe la Chambre, ou elle est trompée sur le compte des marchands en gros : il n'en existe pas de bonne foi.

Dans le premier cas, la Chambre ne pourrait-elle pas lui répondre, comme l'a fait à son avocat le procureur du roi de Versailles, dans le procès des rédimés : « Pourquoi nous parler si longuement du tort qu'éprouvent les « marchands en gros, qui ne se plaignent point, et dont vous n'êtes pas « chargé de la défense? Parlez-nous plutôt des intérêts du trésor. . . . »

Dans le second cas, qu'elle cesse donc de porter intérêt à des gens qui n'en sont pas dignes, et qui, d'ailleurs, ne lui en savent aucun gré.

En résumé, si sa bienveillance eût été aussi paternelle qu'elle voudrait le faire croire à la Chambre, ne se fût-elle pas empressée, lorsqu'elle a vu sa mesure frappée d'une réprobation universelle, de demander le rétablissement de l'ancien ordre de choses, relativement aux marchands en gros et aux bouilleurs de crû? Ces derniers le devraient-ils à l'initiative de l'honorable M. de Golbéry, et les premiers l'attendraient-ils encore?

Le dol, la ruse et le mensonge sont-ils donc les compagnons obligés de la fiscalité?

(1) Voir la discussion du rapport sur le budget des recettes, par M. Jacques Lefèvre, séance du 24 juin 1837, pages 28 et suivantes, 1er numéro du journal *le Censeur de la Régie*.

queurs *sans déclaration*, elle se douta *de suite* qu'on lui demanderait pourquoi cette fabrication n'y serait pas libre *aussi bien qu'à* PARIS, puisque les conditions de rédemption étaient les mêmes; il fallait donc préparer une réponse qui pût détruire, *en apparence au moins*, cette identité de position: on prétexta, en conséquence, des besoins, et on présenta à la Chambre l'article suivant :

ART. 5.... « A partir de la promulgation de la pré- « sente loi, les droits d'entrée, le droit général de con- « sommation et *le droit* EN REMPLACEMENT *aux en-* « *trées de* PARIS, imposés au profit du trésor sur l'al- « cool, ainsi que sur les eaux-de-vie, esprits, liqueurs « et fruits à l'eau de-vie, *seront accrus de 25 p. 0⁄0.* »

Rapport de la commission, séance du 24 juin 1837.

M. J. LEFÈVRE. « Votre commission propose la sup- « pression de cet article, *parce qu'il ne lui paraît pas* « *qu'il y ait de motifs suffisans pour élever le tarif.* »

Si la Chambre, en refusant l'allocation , n'avait, *sans s'en douter*, évité le piège, l'administration eût répondu :

« Il n'y a entre Paris et les villes rédimées aucune « analogie. La taxe unique de PARIS *est de 25 p. 0⁄0* « *plus élevée* que celle des villes rédimées, parce « *qu'indépendamment du droit général de consomma-* « *tion et de celui d'entrée*, elle se compose, *en outre*, « *d'un droit* EN REMPLACEMENT... — de quoi?... — du « produit *présumé* des licences et de la perte qui ré- « sulte pour le trésor *de la libre fabrication des li-* « *queurs.* »

C'est à l'aide de ce stratagème ingénieux qu'elle comptait légitimer aux yeux des tribunaux et de la Chambre elle-même son absurde et inique prétention; et elle n'appelle pas cela donner l'exemple de la fraude!!!... Telle est, Messieurs, la position malheureuse du contribuable, que, grâce à la foi due aux procès-verbaux, les tribunaux ne voient en lui qu'un fraudeur, *lors même* qu'il est victime de la fraude, et considèrent les agens du fisc comme des hommes *sans passion*, des défenseurs *consciencieux* de la fortune publique!!!...

L'affranchissement peut parfois présenter des dangers. Il faut même s'y attendre (1). Rien n'est parfait dans ce bas monde, chaque position a ses nécessités, ses avantages et ses inconvéniens : une chose est bonne quand la somme du bien est supérieure à celle du mal, et mauvaise quand celle du mal l'emporte sur celle du bien. Une des nécessités de l'affranchissement est que la fabrication des liqueurs soit libre. Il faut bien renoncer à ce qu'on ne peut atteindre et lâcher ce qu'on ne peut tenir.

Dans cette circonstance que devez-vous faire, Messieurs? peser les avantages et les inconvéniens de l'affranchissement.

S'il est désastreux pour les intérêts de l'état, si c'est une porte ouverte à la fraude, une entrave à la surveillance; si c'est, comme le prétend l'administration, une concession dangereuse faite à l'émeute, hâtez-vous de l'abroger, de faire disparaître ce brandon de discorde, ce témoignage de votre faiblesse.

____

(1) L'exercice en présente bien davantage, j'en donnerai la preuve à qui pourrait en douter.

Mais s'il est reconnu, au contraire, que c'est à lui qu'est dû le rétablissement du calme dans la perception; qu'il a opéré, comme par enchantement, une réconciliation qu'on n'avait pu obtenir par le sacrifice du tiers de l'impôt; que, sous son règne, les recettes ont dépassé, chaque année, les prévisions du budget; qu'il est, pour le débitant, un refuge contre les vexations, une arme puissante contre l'arbitraire, sans enlever à la Régie ses utiles moyens de répression contre la fraude; s'il est constant qu'en satisfaisant aux besoins du commerce et de l'industrie, il est une garantie contre le retour de ces scènes horribles de dévastation (1); qu'il met l'état à couvert des non-valeurs qu'engendre l'exercice; qu'il le fait profiter de cette multitude de décharges auxquelles a droit le débitant exercé et qui deviennent souvent abusives; s'il est prouvé enfin que le produit seul de la remise de 3 p. o/o, dont profite le trésor, compense, et beaucoup au-delà, la perte qui peut résulter pour lui de la conversion par les rédimés de leur alcool en liqueur, pourrez-vous voir, dans la conduite des agens supérieurs de l'administration, le résultat d'une erreur; ne pas y voir, au contraire, l'intention manifeste de *détruire* ce monument éclatant de votre haute sagesse et la volonté d'exploiter à leur profit la tranquillité générale, en sacrifiant tout au désir de passer pour d'habiles financiers? Belle gloire, que celle à laquelle on ne peut prétendre qu'en donnant l'exemple du mépris pour les lois, qu'en avilissant l'autorité, qu'en ruinant les familles, qu'en exer-

____

(1) Quelle collision pourrait-il exister entre la Régie et les débitans, du moment qu'en s'affranchissant ceux auxquels l'exercice est antipathique cessent d'être en rapport avec elle.

çant sur les classes laborieuses une horrible tyrannie,
qu'en réveillant les passions politiques et en prépa-
rant ainsi la plus terrible des réactions! car on doit
s'attendre qu'après avoir été si souvent le jouet des
événemens, le peuple n'aura plus foi que dans sa force.

Quelle peut être leur excuse? la raison d'état!...
mais les finances n'étaient-elles pas dans l'état le plus
prospère? y avait-il donc péril en la demeure? Et si le
doute a pu naître dans leur esprit, la prudence ne
leur faisait-elle pas un devoir, dans une question
d'une aussi haute importance, d'en appeler à la
Chambre pour le résoudre; surtout lorsque, pour ap-
puyer leur prétention, ils se sont vus dans la nécessité d'avoir recours à la force des baïonnettes, de
mettre en état d'arrestation, dans leur propre domicile, des rédimés, *anciens contrôleurs de leur administration, chefs de bataillon de la garde nationale,
sur la poitrine desquels brillait l'étoile de l'honneur?*
S'ils n'eussent pas commencé ce procès avec l'idée
que tout fléchirait sous leur despotisme, qu'ils nous
imposeraient sans résistance leur joug de fer, s'ils
eussent agi sans arrière-pensée, si enfin ils n'eussent
pas été pénétrés de *l'iniquité de tous leurs actes*, eus-
sent-ils saisi avec empressement les moindres irrégu-
larités pour annuler les procédures dans l'espoir de
nous fatiguer? Une administration loyale n'eût-elle pas,
au contraire, tout fait pour obtenir une solution, si
ardemment désirée par les contribuables (1)?

----

(1) La fraude ne pouvant venir à l'intérieur que du dehors, c'est à la Régie à surveiller les débitans rédimés, et principalement ceux qui lui sont
signalés comme se livrant à cette coupable industrie; et il est de son devoir
de se montrer d'autant plus sévère que les débitans sont plus libres. Mais
je considère comme un acte de tyrannie infâme les saisies de un, deux et

Ah ! Messieurs, si vous ne déversiez sur une telle conduite tout le blâme qu'elle mérite, si vous n'y imprimiez le sceau de la réprobation, ce serait le coup le plus terrible, l'atteinte la plus grave portée à la morale publique, ce serait dire au peuple qu'il n'a de justice à espérer que de lui-même.

Mon langage, Messieurs, vous paraîtra peut-être trop sévère; mais c'est en caressant les abus qu'on les éternise.... Il est impossible d'extirper un mal dont les racines sont aussi profondes, sans faire cruellement souffrir le malade, c'est la première des nécessités de l'opération que j'ai entreprise; d'ailleurs, quand on défend la morale et la justice, doit-on encenser l'immoralité ! Peut-on ne pas flétrir l'injustice?.... Quand on combat pour l'opprimé, doit-on craindre de blesser l'oppresseur?.... Et quand on demande justice, faut-il se mettre à genoux?.... Pourriez-vous, Messieurs, me faire un crime de l'énergie que je mets à défendre votre œuvre? Je suis dans *cette noble voie où ont été appelés, par le chef de l'état, tous les bons citoyens, pour conserver intact le dépôt de nos lois et de nos institutions, en les défendant* LOYALEMENT *et* VIGOUREUSEMENT *contre tous ceux, quels qu'ils soient, qui tenteraient de nous les ravir* (1).... Aussi, rentrant dans la question des rédimés, je n'hésiterai pas à vous dire que l'administration s'est rendue coupable à leur égard d'une illégalité

---

trois litres qu'elle a opérées sur les consommateurs, *seulement* lorsque les boissons sortent des débits rédimés. Le débit ne peut exister sans cette faculté, qu'elle a consacrée dans sa circulaire 170; la fraude est dans l'introduction, et non dans la sortie, puisque la présence seule des boissons dans un lieu rédimé entraîne la présomption du paiement de tous les droits.

(1) Paroles du roi aux élèves, dans la galerie de Versailles.

mûrement calculée, et qu'elle a fait dans le procès un grave abus de *sa science* et de *son ascendant moral*.

Traduite aujourd'hui à votre barre, vous la verrez, pour se justifier, se retrancher derrière les intérêts du trésor ; vous représenter l'abonnement comme improductif et stationnaire, et l'affranchissement comme un refuge pour la fraude ; mais ses allégations tomberont devant l'examen de l'état général des recettes depuis 1830, vous reconnaîtrez que le produit des abonnemens, loin d'être *stationnaire*, comme elle le prétend (1), a toujours été *progressif*, et a dépassé chaque année celui de l'exercice : votre commission, pour s'en convaincre, peut encore se faire représenter les portatifs des trois dernières années d'une ou de plusieurs recettes, qu'elle désignera au hasard.

Si malgré tout, Messieurs, les rigueurs de la Régie vous paraissaient nécessaires pour élever au niveau des besoins du trésor le produit de l'impôt, dont le chiffre a *peut-être* été trop abaissé en 1830, ne vaudrait-il pas mieux, pour faire cesser cet état d'hostilité *déplorable*, accorder au gouvernement une augmentation de droits, et au commerce, pour prix de ses nombreux sacrifices, ce degré de liberté sans lequel il ne saurait prospérer ? Ces deux intérêts sont si étroitement liés, que l'un ne peut souffrir sans l'autre. — A-t-on jamais vu, en effet, les produits élevés dans les

---

(1) L'administration veut, sans doute, parler de la taxe unique, qui ne varie pas *quant à l'importance du droit par hectolitre*. Cela n'empêche pas que son produit ne soit à la fin de l'année toujours en rapport avec la consommation, puisque c'est le chiffre des entrées qui sert de multiplicateur. Toujours des argumens captieux et erronés !... Peut-on se plaindre de n'avoir aucune chance d'augmentation, quand on est à couvert de toute chance de diminution et de toute non-valeur, et qu'à position égale on perçoit 3 p. 0/0 de plus que dans les autres villes ?

années où le commerce a langui ? Toute entrave ap-
portée à sa marche, toute mesure qui le contrarie,
doivent donc être abandonnées, comme autant de
causes de diminution dans les revenus du trésor.
C'est ce qu'il importe, Messieurs, de ne pas perdre de
vue.....

D'après tout ce qui précède, la Chambre doit voir combien il est urgent, si elle veut conserver l'affranchissement, de l'entourer de garanties qui le mettent à l'abri
de toute atteinte ; et, afin d'enlever à la Régie tout prétexte de s'introduire à l'avenir dans le domicile des
rédimés, JE DEMANDE qu'il soit inséré dans la loi,
comme l'administration l'a fait dans ses annales :
*Que sous ce mode de perception (l'affranchissement)
la fabrication des liqueurs est libre, mais que le
droit de consommation est dû sur toute quantité supérieure* AU LITRE *qui sera expédiée en dehors du débit rédimé.* C'est assurément réduire la vente en détail
à des limites bien étroites. La Régie, dans sa circulaire 170, page 69, § 6, ne détermine aucune quantité :
« Il ne sera fait, dit-elle, d'exception que pour les mi-
« nimes quantités dont la circulation *sans déclaration*
« est tolérée d'après l'usage local ; » puis, sans aucun
avertissement *préalable*, elle saisit toute quantité sor-
tant de chez les débitans *rédimés*, dans le but de les
contraindre à rentrer sous le régime de l'exercice, en
rendant ainsi leur profession impossible ; car il est
évident qu'en les forçant à payer le droit une seconde
fois, elle les met hors d'état de pouvoir soutenir la
concurrence des débitans *exercés*.
Il est vrai qu'en fixant pour le transport *sans expédition* une quotité quelconque, il peut en résulter

quelques abus, mais, qui deviendront *insignifiants*, quand on aura désintéressé la fraude par la réduction du droit sur les liqueurs; l'administration ne manquera pas de raisons plus ou moins captieuses pour combattre cette disposition, mais je me charge de réfuter devant votre commission toutes les objections qu'elle pourrait faire à cet égard. D'un autre côté, en n'en fixant aucune, vous voyez, Messieurs, à quoi sont exposés le consommateur et le débitant par l'abus beaucoup plus grave que fait la Régie du pouvoir *discrétionnaire*, dont vous l'avez investie.

Qui donc oserait désormais aller puiser son droit dans les instructions et circulaires de l'administration?.... N'y lit-on pas, comme vous l'avez vu, *que la Régie n'a plus aucune action à exercer sur les débitans dans les villes soumises à la taxe unique...... Qu'ils sont dispensés de toute déclaration pour leur commerce...... Que sous ce mode de perception la fabrication des liqueurs est libre, comme cela se pratique à Paris..... Que les débitans* QUI SE RÉDIMENT *ont le droit de recevoir, comme le consommateur, des eaux-de-vie en fût de toute contenance* (circulaire 129...) *Que les marchands en gros ne doivent qu'une seule licence pour tous les magasins qu'ils possèdent sur le territoire de la commune, où ils ont fait leur déclaration*, circulaire n. 11, § 8, et Manuel, page 100, § 13.... etc., etc. ...Et cependant, c'est après que ces principes ont reçu la sanction du temps, qu'ils ont été mis en pratique, les uns pendant six à sept ans, les autres pendant un quart de siècle, que LES DÉBITANS RÉDIMÉS, identifiés avec cet ordre de choses sur lequel tous leurs calculs étaient basés, VOIENT leur domicile envahi par une armée de contrôleurs, d'employés, de commissaires de police et de gendarmes, qui, sur le refus de consentir à un recensement, s'emparent de leur personne et les retiennent prisonniers dans leur propre maison, pendant que, *contrairement* aux articles 35, 41 et 45 de la loi du 21 avril 1832 et aux circulaires de l'administration, les employés se livrent à tous les actes de l'exercice le plus rigoureux, *déplacent tout, jaugent, pèsent, dégustent leurs liquides,* les *prennent en charge et leur établissent* UN COMPTE RÉGULIER SUR LES PORTATIFS, *en vertu des articles* 53 et 54 de la loi du 18 avril 1816, qui ne sont applicables qu'aux débitans *exercés* (1).

Ne les ont-ils pas vus, en second lieu, saisir, *contrairement aux prescriptions de la circulaire* 129, leurs eaux-de-vie reçues en tonneaux de contenance inférieure à l'hectolitre, lors même que le montant des droits avait été porté au bureau aussitôt l'arrivée; et par suite n'ont-ils pas été condamnés en police correctionnelle (2)?

Enfin, après n'avoir payé pendant 25 ans qu'une seule licence pour tous les magasins qu'ils possèdent sur le territoire de la commune où ils ont fait leur déclaration, les marchands en gros devaient-ils s'attendre qu'on leur en réclamerait deux aujourd'hui, en présence des termes formels de la circulaire n. 11 (3)?

Je pourrais, Messieurs, vous citer des milliers

---

(1) Quels seraient donc les articles du chapitre III abrogés, si ces deux-là, qui résument en eux tout l'exercice, ne l'étaient pas?....

(2) Voir les pièces justificatives timbrées sous le n° 1.

(3) Voir la décision de l'administration et ma réclamation au ministre des finances, timbrées sous le n° 2.

d'exemples de cette nature, si ceux-là ne suffisaient pas pour vous démontrer la nécessité de poser des limites aux droits de chacun et de ne rien confier à l'arbitraire. N'est-il pas monstrueux de penser que le contribuable soit livré *pieds et mains liés* à la discrétion d'une administration qui, *juge et partie*, est habituée à le traiter en ennemi, parce qu'elle ne voit dans tous ses actes que fraude ou *intention* de fraude; qu'on craigne d'abandonner des faits et des intérêts aussi minimes à l'appréciation de ceux qui sont juges de la vie des citoyens et des plus hauts intérêts de la société; qu'on regarde, lorsqu'il s'agit de contributions indirectes, comme entachée de suspicion légitime la déposition d'hommes honorables, quand on s'en rapporte, en matière criminelle, à celle de gens sans aveu, dont l'immoralité est connue et que la société a rejetés de son sein? Cette anomalie est si choquante qu'on ne pourra croire plus tard qu'elle ait existé sous l'empire de notre législation.

On conçoit que, lors de la création d'un impôt nouveau, il faille laisser à l'administration une certaine latitude pour atteindre la fraude dont les allures lui sont encore inconnues; mais ce pouvoir de circonstance, cet état de siége fiscal, doit cesser aussitôt que le danger est passé, qu'une organisation régulière, fondée sur l'expérience, peut remplacer cet ordre de choses provisoire. N'est-ce pas ainsi, du reste, que vous en avez agi, et que vous allez en agir encore à l'égard des sucres? S'il faut, Messieurs, à l'administration des garanties contre la fraude, le premier besoin du commerce est LA SÉCURITÉ, base *nécessaire* de toutes ses opérations. Peut-il en exister pour lui, lorsque ses calculs ne reposent que sur *des éventualités* et son droit sur une tolérance *trompeuse*; lorsqu'il a constamment suspendu sur la tête le *glaive de la Régie*, dont la chute toujours *imminente* tient au caprice de tel ou tel employé *ambitieux, zélé, ignorant* ou *vindicatif?* Cette anxiété continuelle n'est-elle pas mille fois pire que le mal lui-même?..... Cette habitude qu'il contracte de ne rien faire qu'en cachette, lors même que ses opérations sont loyales, n'est-elle pas un acheminement à la fraude, avec laquelle il finit par s'identifier?....

Voilà, Messieurs, et vous pouvez en croire l'honorable M. Jalabert, les conséquences *inévitables* de tout mode de perception *dont les principes ne s'accordent point avec les intérêts du commerce et de l'agriculture, et ne se mettent point en rapport avec l'esprit national;* c'est pour cela même, a-t-il dit, qu'il est d'un recouvrement *difficile, immoral* et *vexatoire.* Si je m'appesantis aussi longuement sur ce point, c'est que LA est *tout le mal*, LA est *la principale* et je pourrais dire L'UNIQUE CAUSE de la *réprobation dont est frappé l'impôt;* c'est cette autorité illimitée, ce pouvoir exorbitant attribué à la Régie d'être seule juge, *quoique partie intéressée*, de la gravité des faits *qu'elle incrimine*, qui, contraire aux lois de l'équité et aux règles de la justice, blesse le sentiment national.

Si vous voulez réconcilier ces deux ennemis, établir l'exercice sur des fondemens solides, prévenir le retour des désastres qu'il a enfantés, si vous voulez enfin l'identifier avec nos mœurs et nos habitudes, il faut *renoncer* à cette juridiction *exceptionnelle*, vieux reste des préjugés du temps passé, rentrer dans le droit commun, et, *sans diminuer en rien* la foi due aux procès-verbaux, laisser aux tribunaux l'appréciation des circonstances atténuantes (1), et introduire en conséquence dans la législation fiscale, comme dans la législation criminelle, un article 463, tout en conservant cependant à la Régie la faculté si précieuse pour celui qui sait en user, de faire remise de tout ou partie des peines prononcées : ce serait une faute grave que de la priver d'un si puissant moyen de popularité ; il faut, en outre, fixer une quotité quelconque pour les transports *sans déclaration* que nécessite la vente en détail ; car il est souverainement absurde

---

(1) La clause pénale devant s'appliquer dès qu'il y a infraction, quand même il serait notoire qu'elle n'a pu porter préjudice à celui au profit duquel est stipulée l'amende, voici ce qui arrive journellement :

Lorsque les employés rencontrent un chargement sur lequel il y a des vins au nom d'un débitant, et d'autres au nom de particuliers, ils prétendent de suite que le tout est pour le débitant ; ils cherchent en conséquence les moyens de trouver le conducteur en contravention : s'il a le malheur d'être en retard de cinq, dix ou quinze minutes, sur un trajet de sept à huit lieues, procès-verbal lui est déclaré, comme si leur montre était le régulateur de toutes les horloges, et si d'ailleurs un tel retard pouvait faire supposer deux transports avec la même expédition, ce que *seul* la loi a eu pour but d'empêcher en fixant un délai. S'il a des spiritueux destinés à des débitans *rédimés*, et qu'ils ne soit point en retard, ils les pèsent avec la plus scrupuleuse attention, et si le poids diffère de celui porté sur l'expédition d'un degré *centésimal*, en plus ou en moins, procès-verbal en est également rapporté, bien qu'il soit reconnu que sur cent pèse-liqueurs, il est difficile d'en trouver dix qui s'accordent, et qu'une différence si minime peut provenir de circonstances indépendantes de sa volonté. Enfin, si le prénom du destinataire n'est pas porté sur le congé (disposition absurde et impossible dans la pratique), on saisit, en vertu de l'article 10 de la loi du 28 avril 1816, chevaux, voitures et boissons, sur cette simple irrégularité. Si, fort de son innocence, le voiturier refuse de transiger, il est traduit en police correctionnelle, et condamné à une amende de 100 à 600 francs, aux frais et dépens et à la confiscation des boissons et des moyens du transport. Quelle monstruosité ! quel abus du pouvoir discrétionnaire !.... Peut-on, en présence de tels faits, ne pas abandonner aux tribunaux l'appréciation des circonstances ? Ce ne sont pas là des allégations, comme on le verra par les pièces timbrées sous les n°s 3 et 9.

d'obliger le débitant ou le consommateur à prendre une expédition de 20 centimes à chaque livraison ou enlèvement *d'un demi-litre* d'eau-de vie, dont le droit n'est, suivant le degré ordinaire, que de 8 à 9 centimes, quand surtout les bureaux sont, comme dans les campagnes, à la distance de trois à quatre lieues : en existât-il même dans chaque localité, on ne pourrait, sans injustice, les y astreindre : ce serait *tripler* l'impôt.

Du reste, y aurait-il plus d'inconvénient pour les liquides, *du moment qu'on est forcé de le tolérer,* qu'il n'y en a pour les tabacs, dont la circulation au dessous d'*un kilogramme* est autorisée par l'article 215 de la loi du 28 avril 1816 (1) ? La faculté accordée au voyageur par l'article 18 de la même loi de transporter trois bouteilles de vin *sans expédition*, a-t-elle donc dégénéré en abus ? La liberté accordée aux marchands en gros par la loi du 28 avril 1816 a-t-elle été fatale à l'impôt ? Faut-il, pour prendre un fraudeur *par hasard*, troubler la tranquillité de tout le monde ? Ne pourrait-on pas, du reste, limiter cette faculté aux consommateurs *seuls* et l'interdire aux débitans et aux gens à leur service ?

Continuellement placé, comme vous le voyez, entre l'enclume et le marteau, le contribuable est dans la cruelle alternative de se mettre en contravention permanente ou de renoncer à sa profession, ou *à satisfaire ses besoins*, suivant qu'il est débitant ou consommateur. Ainsi, il est bien évident que chaque fois que le détaillant livre un demi-litre d'eau-de-vie, celui qui

---

(1) « *Cette tolérance,* dit l'administration, dans son Manuel, page 155, « § 10, *était d'ailleurs indispensable dans la loi,* autrement on aurait pu « saisir les plus petites quantités, *ce qui aurait beaucoup gêné la classe* « *la plus nombreuse des consommateurs.* »

le transporte s'expose à un procès et à une amende de 100 à 600 francs; il ne peut donc jamais agir qu'en tremblant et en cachette. Est-ce là une existence?...

Dans une telle situation, lorsqu'il est constant que la contravention est une nécessité, un événement de force majeure, n'est-il pas contraire à toutes les règles de la justice d'abandonner le contribuable *à la discrétion* de l'administration qui, le poursuivant, a intérêt à sa condamnation, et qui, par les mêmes motifs que *le juge de Lafontaine*, le condamne, en tout état de cause, aux frais du procès, parce que les faire supporter à l'employé, quand il a tort, serait mal récompenser son zèle et l'engager à ne plus *verbaliser* à l'avenir, et qu'en aucun cas d'ailleurs l'autorité ne doit paraître avoir tort aux yeux de ses subordonnés.

Une amende ainsi extorquée par l'abus du pouvoir n'est-elle pas, suivant toutes les règles de la morale, un vol avec les circonstances les plus aggravantes? Mais celui qui le commet est à l'abri de toutes poursuites du moment qu'il agit dans les intérêts du fisc. Doit-on s'étonner après cela de l'immoralité qui règne dans les classes inférieures quand elle est érigée en principe dans les rangs les plus élevés de l'ordre administratif? Comment faire au contribuable un crime de ne pas exécuter la loi envers le fisc, quand ses agens ne reculent devant aucun moyen pour la violer à son égard?

En vain se retrancheraient-ils, relativement aux rédimés, derrière les jugemens qui donnent à leurs actes une apparence de légalité; leur conduite vient, d'un autre côté, déposer de leur tyrannie et de leur mépris pour les lois émanées de la chambre. Est-il un

directeur qui n'ait écrit à ses employés : « Vous ferez
« tout pour diminuer le nombre des abonnés, vous
« ne perdrez pas de vue surtout mes recommanda-
« tions verbales à cet égard (il est des choses qui ne
« s'écrivent pas). Les faveurs de l'administration ne
« vont pas trouver ceux qui se tiennent en dehors du
« sentier qu'elle leur trace. » Telles sont, Messieurs,
les instructions que reçoivent les employés dans toutes les directions. Ainsi s'expliquent les vexations
sans nombre dont je vous ai mis sous les yeux le hi-
deux tableau.

Hommes du pouvoir, qui voulez moraliser le peuple, vous prêcherez en vain si vous ne donnez l'exemple, qui, en administration comme en toutes choses,
est le moteur le plus puissant. Citez-moi une armée qui ait marché à l'ennemi et remporté la victoire
quand son chef a pris la fuite au cri de sauve qui
peut !

Je viens de dire qu'il était contraire à toutes les
règles de la justice d'abandonner le contribuable *à la
discrétion* de l'administration qui le poursuit : n'ai-je
pas raison de dire *à la discrétion*,.... quand il est notoire que l'inscription de faux, notre seul et unique
moyen de salut, n'est pas praticable, et cela se conçoit, *une fois* sur mille.

Contre qui, en effet, sont rapportés ordinairement
les procès-verbaux ?... Contre nos garçons, nos voituriers, gens ignorans et presque toujours ivres, qui,
s'arrêtant à chaque bouchon, laissent expirer le délai
ou omettent de remplir quelques formalités, et contre
nos commis, jeunes gens sans expérience, qui, les uns

comme les autres , ne font , lors de leur rédaction, aucun acte conservatoire de nos intérêts.

Par qui sont-ils rapportés ?..... Par des hommes instruits auxquels l'administration prescrit des formules *rédigées* de manière à rendre l'inscription de faux impossible : et c'est dans cette position qu'on nous livre à l'administration , ai-je tort de dire *pieds* et *mains liés* , puisque c'est elle qui accuse, instruit, conclut et prononce ?...

Condamnés sans appel et souvent sans avoir pu être entendus, car il faudrait quelquefois faire vingt lieues pour l'aller et le retour, il ne nous reste donc plus, pour nous indemniser des amendes *imméritées* qu'on nous inflige, qu'un seul moyen : *la fraude*, qui devient alors pour nous un moyen de légitime défense. Aussi est-ce encore pour cela que M. Jalabert traite ce mode de *désastreux, immoral* et *vexatoire*.

Une telle législation, un tel tribunal, ne rappellent-ils pas tout ce que la féodalité et les anciennes aides avaient de plus révoltant ?... Et cependant, Messieurs, la Régie vient vous dire qu'elle ne comprend pas comment l'exercice, ce mode *si juste*, peut soulever tant d'irritation, être si antipathique aux MARCHANDS EN GROS qu'il ne fait qu'effleurer, puisqu'ils sont pour toutes leurs opérations *intrà muros* aussi libres que les propriétaires, et aux DÉBITANS auxquels la loi accorde la faculté de fixer *eux-mêmes* , par la déclaration du prix de vente, la quotité du droit qu'ils ont à payer ; droit qu'ils ne versent qu'à mesure de leur débit, et dont décharge leur est donnée, si la marchandise vient à se perdre ou s'ils la vendent à un de leurs confrères, etc., etc... Il faut donc qu'il y ait, d'un autre côté, quelque chose qui blesse les citoyens dans ce qu'ils ont de plus cher et que le mal soit bien grand, pour qu'on ne tienne aucun compte de tels avantages!!!....

Ce mal, Messieurs, je viens de vous le montrer au doigt, c'est à vous seuls qu'il appartient d'y porter remède. Déjà, par la loi du 21 avril 1832, vous avez franchi plus de la moitié de l'espace qui vous sépare du but que nous désirons atteindre; ce premier essai a été heureux, il a porté ses fruits, et l'effet que vous en attendiez a dépassé toutes vos espérances: il a opéré, comme par enchantement, ce qu'on avait vainement attendu de la réduction énorme du tiers de l'impôt (1), le rétablissement du calme dans la perception, et, ce qu'on avait cru impossible jusqu'alors, la réconciliation du contribuable avec la Régie : *heureux accord,* qui n'a cessé d'exister, comme je vous l'ai déjà dit, que le jour où l'administration a porté sur l'affranchissement une main sacrilége, sans aucun autre motif, soyez-en bien certain, que celui de recouvrer son pouvoir illimité, puisque, loin de souffrir de la suppression *de ces mesures tracassières,* qu'elle appelle CONSERVATRICES, les produits se sont élevés chaque année au-dessus des prévisions du budget.

---

(1) On en trouve la preuve dans le passage suivant de la circulaire adressée à MM. les préfets par M. le ministre des finances, le 18 mai 1832 (dix-huit mois environ après la réduction de 33 p. 0/0 opérée sur l'impôt) :

« Si votre département est, monsieur le préfet, du nombre de ceux où le « service *des agens de la régie des contributions indirectes éprouve encore* « des obstacles, il y a tout lieu de croire que la loi qui vient d'être rendue « (*sur l'affranchissement*) les fera entièrement cesser, et que les assujétis « sentiront qu'ils n'ont plus aucun prétexte pour se refuser à remplir les « obligations auxquelles ils sont soumis.... » Ainsi, il est bien évident que ce n'est point à la réduction de l'impôt qu'est dû le rétablissement du calme, mais bien à l'affranchissement.

Vous ne pouvez plus, Messieurs, en présence de la gravité du mal et des plaintes qui vous sont adressées de toutes parts, vous arrêter dans cette voie d'amélioration; il n'y a pas plus de danger, soyez-en bien persuadés, à enlever, je ne dirai pas toutes, mais la majeure partie des entraves dont on a entouré la vente en détail, *avec aussi peu d'intelligence que de nécessité*, qu'il n'y a eu d'inconvénient à rendre la liberté aux marchands en gros, qui, sous l'empire des lois antérieures à 1816, étaient moins libres et traités en tout plus rigoureusement que les débitans.

Le chien enchaîné n'est-il pas plus hargneux et plus à craindre pour celui qui l'approche qu'il ne l'est en liberté? Et s'il s'irrite moins du coup de bâton qu'il reçoit, *lorsqu'il veut mordre*, que des taquineries qu'on lui fait, même sans le toucher, *lorsqu'il est paisible*, c'est que, dans le premier cas, il sent qu'il est coupable, et, dans le second, qu'il est victime d'une lâche tyrannie.

L'homme aurait-il donc moins le sentiment de sa dignité, de son droit, de son innocence et de sa culpabilité que les animaux ?.... Enchaîné comme le chien, ce sont les entraves que rencontrent à chaque pas ses opérations *les plus loyales*, les pertes *énormes* de temps qu'on lui fait subir, ce ton *arrogant* avec lequel on le reçoit, lorsqu'*innocent* il vient s'humilier devant le *coupable*, pour obtenir une transaction; ce sont enfin ces amendes *imméritées* et non celles auxquelles il est *justement* condamné, qui l'exaspèrent et le portent à se venger, suivant les circonstances, sur la Régie ou sur l'impôt.

Il faut être bien aveugle pour aller se heurter contre des obstacles aussi apparens, dans une route que l'on parcourt depuis trente-cinq ans, ou bien inhabile pour ne pas les éviter !.. Il est vrai que pour réussir il faut essayer, et l'on ne veut rien tenter; que pour arriver à la perfection il faut avancer, et chaque jour est marqué par un pas *rétrograde*; tandis que dans l'administration des postes, il est signalé *par quelque amélioration*: mais aussi *là* on tente, on essaie et on ne recule devant aucun obstacle; l'intérêt de celui qui paie y est en première ligne; *là* on est reçu avec bienveillance, on obtient prompte justice, et le directeur-général ne croit point s'abaisser en correspondant directement avec le contribuable; aussi, *là* abondent en foule les témoignages d'estime et de gratitude !..

Comme je tiens à justifier tout ce que j'avance, et surtout à ce qu'on ne voie pas, dans mes paroles, l'intention de blesser l'administration, mais bien l'expression de la vérité, que je me suis fait un devoir de vous dire tout entière, je vais vous mettre à même de juger si, en parlant des obstacles sans nombre dont on a environné toutes les opérations du commerce, j'ai eu tort de dire : avec *aussi peu* D'INTELLIGENCE *que de* NÉCESSITÉ.

Les articles 57 et 58 de la loi du 28 avril 1816 interdisent aux débitans de vendre ni de recevoir de boissons autrement qu'en fût contenant au moins un hectolitre, et l'article 9 de la loi du 24 juin ne permet aux liquoristes marchands en gros l'expédition des spiritueux qu'aux mêmes conditions lorsqu'ils sortent de leur atelier de fabrication.

Ce n'est, Messieurs, qu'en voyant les choses de

près), qu'en descendant dans la pratique, que nous pourrons nous rendre un compte exact des motifs de cette mesure et voir si son utilité est en rapport avec le préjudice qu'elle cause au commerce.

Tout le monde sait que les employés ne constatent le débit, sur les fûts et sur leurs portatifs, que par dixièmes. Or, plus les tonneaux sont petits, plus la vidange d'un litre est sensible, plus, par conséquent, l'appréciation des dixièmes est facile et leur constatation *fréquente*, *ce qui rend les remplissages frauduleux presque impossibles* : on conçoit, en effet, que, d'après la manière *vicieuse* d'opérer de la Régie (1), dix litres versés sur un tonneau de 500 litres en vidange sont presque imperceptibles, puisque ce n'est que le cinquantième de sa contenance, tandis que deux litres dans un tonneau de vingt litres sont très apparens, puisque c'en est le dixième.

Mais aussi, objecte l'administration, plus les fûts sont petits, plus ils sont portatifs, et aussitôt qu'ils sont vides, on va les faire remplir. — Oui, on aurait pu, *à la rigueur*, supposer cela du temps que les fûts n'étaient pas marqués; mais depuis *trente-cinq ans* qu'ils sont cloués sur le chantier par le coup de rouanne qu'ils reçoivent à l'arrivée, et que leur enlèvement *sans démarque* est puni d'une amende de 50 à 300 fr., il est absurde de prétendre que, lorsqu'un débitant voudra effectuer *en fraude* le remplissage de son baril, il le fera voyager, au lieu d'apporter le liquide, comme il le fait pour les gros fûts, avec un seau, une cruche, une bouteille ou tout

---

(1) Je donnerai à cet égard des explications à la commission.

autre ustensile de ménage, qui éveillent beaucoup moins les soupçons et sont beaucoup plus portatifs que les barils.

Enfin, Messieurs, l'administration vous dira que ce n'est qu'à l'aide de cette disposition, qu'elle peut empêcher les débitans de se servir de cruches et de brocs, dont elle regarde l'usage comme fatal à l'impôt. — Quel rapport y a-t-il entre une cruche trouvée pleine *sans déclaration* avec un fût de 50, 80 ou 99 litres reçus ou vendus *avec expédition?* Faut-il donc, pour guérir un soldat malade, mettre tout le régiment à la diète !!!.

D'ailleurs, à quoi servirait de discuter plus long-temps l'utilité d'une mesure que l'administration a condamnée elle-même dans le passage suivant de sa circulaire n° 75?

« La limite de vingt-cinq bouteilles ou d'un hecto-
« litre pour les ventes en gros *n'est, d'ailleurs, pas une*
« *garantie contre les abus* ; car il est aussi facile aux
« marchands en gros de couvrir leurs manquans à
« l'aide de ventes simulées de cent litres ; qu'à l'aide
« des ventes de vingt à cent litres, en baril, ou
« vingt - quatre litres et au dessous en bouteilles.
« En effet, dans la supposition où l'enlèvement n'au-
« rait pas lieu, la quantité forte ou minime relatée
« dans les expéditions pourrait toujours être prise,
« soit chez des bouilleurs de crû, soit dans des en-
« trepôts frauduleux. CETTE LIMITE N'EST, DÈS LORS,
« QU'UNE RESTRICTION SANS AVANTAGE RÉEL POUR LA
« PERCEPTION. *Ann.* 1834, *p.* 183, § 2. »

Mais, Messieurs, comme la Régie n'entre jamais fran-chement dans la voie de la réforme et qu'elle veut se réserver, *à quelque prix que ce soit*, des moyens d'op-

4.

pression (1) contre ceux qui seraient assez osés pour vouloir jouir de la plénitude de leurs droits et se soustraire à sa domination, elle s'est donc bornée à une légère concession et a maintenu le principe, *bien que contraire aux intérêts du service*.

Voilà les entraves qu'elle apporte, *avec aussi peu d'*INTELLIGENCE *que de* NÉCESSITÉ, à la marche du commerce; voilà les piéges qu'elle tend à la fraude!.. Ils lui ont été légués par les anciennes aides; elle y tient comme à un héritage de famille, sans faire attention qu'ils ne sont dangereux que pour elle et les négocians de bonne foi, *objets de sa sollicitude*, et impuissans contre la fraude.

Une administration tant soit peu soucieuse des intérêts du commerce n'eût-elle pas demandé depuis long-temps le rapport d'une telle disposition? Loin de là, elle a continué, jusqu'en 1834, c'est-à-dire *pendant dix ans*, à la faire exécuter rigoureusement, *même à l'égard des liqueurs*, au mépris des dispositions formelles de l'art. 5 de la loi du 24 juin 1824 (2).

____

(1) OPPRESSION.... Comment qualifier autrement sa conduite dans l'affaire Roussel, débitant à Brie, et comment penser, d'un autre côté, qu'après la déclaration contenue dans le paragraphe précédent, elle ait pu continuer à prohiber l'usage des petits fûts? Voir les pièces timbrées sous le n° 1.

(2) « Art. 5...; mais ils pourront (*les liquoristes marchands en gros*) faire « des envois de liqueurs *en toute quantité et à toute destination*, au « moyen d'expéditions prises au bureau de la régie. »

Pour tout homme sensé, l'autorisation accordée aux liquoristes marchands en gros d'expédier des liqueurs *en toute quantité* et *à toute* destination, AUX DÉBITANS, *par conséquent*, n'est-elle pas pour ceux-ci une *autorisation incontestable* de recevoir? Qui veut la fin veut les moyens; cependant ce n'est point ainsi que l'entend l'administration dans sa circulaire 475, page 482, renvoi 2, où il est dit :

« L'autorisation de recevoir des liqueurs en barils est nécessaire lorsque « la liqueur n'est pas enlevée de chez un liquoriste débitant. L'article 5 de

Ce n'est que sur ma réclamation, qui a donné lieu à la circulaire précitée du 3o janvier 1834, qu'elle nous a donné une preuve de *sa bienveillance*, en nous autorisant à faire, remarquez-le bien, Messieurs, ce que la loi nous permet, *tout en se réservant* cependant *de revenir, s'il y a abus, sur la concession qu'elle fait au commerce* (1). Ainsi, quand elle exé-

---

« la loi de 1824, sur les fabriques de liqueurs, ne parle, en effet, que des li-
« quoristes marchands en gros, et il n'abroge pas explicitement la disposi-
« tion de la loi de 1816, qui interdit aux débitans, *à moins d'autorisation*
« *spéciale de la régie*, d'avoir des boissons en vaisseaux d'une contenance
« inférieure à l'hectolitre. » ....

(1) « Déterminée par ces considérations » (qui sont : 1° *plusieurs arrêts de la cour de cassation qui repoussent sa prétention ridicule d'empêcher les débitans de recevoir des boissons en paniers de vingt-cinq bouteilles*; 2° *l'autorisation accordée par l'article 5 de la loi du 24 juin 1824, aux liquoristes marchands en gros, de faire des envois en toute quantité et à toute destination,* AUX DÉBITANS, *par conséquent*; 3° *celle accordée par l'article 6 d'une autre loi du 24 juin, aux débitans, de s'approvisionner chez leurs confrères par toute quantité en bouteilles cachetées*; 4° *enfin celle donnée aux marchands en gros ordinaires, par les articles 98 et 102 de la loi du 28 avril 1816, de faire accidentellement des ventes au dessous d'un hectolitre en fûts, et au dessous de vingt-cinq bouteilles en paniers*);
« déterminée, dit-elle, par ces considérations (*qui sont pour elle autant*
« *d'injonctions de la loi*), et voulant d'ailleurs, autant que possible, assurer
« à toutes les classes de contribuables les facilités compatibles avec la sû-
« reté des perceptions (*quel excès de bonté! après nous avoir privés pen-*
« *dant dix à onze ans de l'exercice de ce droit!*), l'administration, tout
« en se réservant, s'il en résultait des abus, de revenir sur les concessions
« qu'elle fait au commerce » (*cela signifie, en langage vulgaire, qu'elle ne s'engage à rien; qu'elle saisira, quand bon lui semblera, en vertu de son pouvoir discrétionnaire, les boissons de ceux qui auront eu foi dans ses promesses et ses instructions, comme elle en a agi à l'égard du sieur Roussel, contrairement aux termes formels de sa circulaire 44 et à ceux, non moins précis, de l'article 41 de la loi du 21 avril 1832; voir les pièces timbrées sous le n° 1*). L'administration a décidé : 1° que la fa-
« culté de recevoir des eaux-de-vie et LIQUEURS en futailles de vingt à cent
« litres *pourra continuer* d'être accordée aux détaillans, mais que les direc-
« teurs mettront à la délivrance de ces autorisations toute la réserve que
« la garantie de l'impôt exigera. »

Ainsi, elle ne prend pas au sérieux les termes, cependant si précis, de l'article 5 de la loi du 24 juin; il ne suffit pas, comme on le voit, d'être autorisé par la loi, il faut encore l'être par les directeurs; et ce qu'il y a

cite la loi, *c'est une concession qu'elle nous fait !!!!..*
— Et afin que l'exemple que je viens de vous citer
ne vous paraisse pas un fait isolé, permettez-moi de
vous en citer un plus grave encore.

D'après l'article 6 de la loi du 28 avril 1816, aucun
« enlèvement ni transport de boissons ne peut avoir

---

d'inconcevable, c'est qu'après avoir reconnu, au commencement de sa circulaire n° 75, aux débitans le droit de recevoir des liqueurs en toute quantité de chez les liquoristes marchands en gros, elle vienne le leur dénier à la fin...

«4° Que les débitans exercés, et les *liquoristes débitans également*
« EXERCÉS, pourront expédier à toute destination, toute quantité de li-
« queurs, tant en cercles qu'en bouteilles. » *Encore une exception au*
préjudice des débitans RÉDIMÉS, toujours dans le but de les dégoûter de
leur position.

Du moment que l'administration ne permet aux débitans de recevoir des
boissons en fûts de contenance inférieure à l'hectolitre, qu'autant qu'elles
leur seront expédiées par des marchands en gros, *liquoristes* ou *non*, par
des débitans EXERCÉS, ou des *liquoristes débitans également* EXERCÉS,
elle reconnaît évidemment à ces derniers le droit de se rédimer, comme
les débitans ordinaires, et bien qu'elle le leur ait déjà reconnu dans sa
circulaire 44, en déclarant qu'elle n'avait plus aucune action à exercer sur
les débitans rédimés, et qu'elle ait *tranché le mot* dans ses *Annales*, elle
n'en a pas moins saisi leurs liqueurs fabriquées, et leur a fait payer des
amendes plus ou moins fortes, suivant le degré de résistance qu'ils ont op-
posée à l'arbitraire. Peut-on, d'après cela et ce qu'on voit journellement,
considérer les circulaires et décisions de l'administration autrement que
comme des piéges tendus à la bonne foi?

Un père de famille, qui ne vit que d'économies et de privations, peut-il à
chaque instant sacrifier mille à douze cents francs, pour suivre jusqu'en
cassation une administration qui, d'après ce que m'a dit un procureur du
roi, a résolu de nous fatiguer? ce qui lui est d'autant plus facile qu'elle ne
plaide qu'avec notre argent, et qu'aucun de ses membres ne court de
risque personnel. Qui donc, lorsque la cour suprême aura déclaré illégale sa
conduite envers les rédimés, remboursera ces malheureux des amendes
énormes qu'on leur a extorquées à titre de transaction?.... La fraude....
Pouvons-nous avoir quelque sympathie ou quelque respect pour une administration qui nous force à nous avilir à nos propres yeux, pour ne pas
laisser mourir de faim nos enfans?.... Qu'adviendra-t-il quand le peuple
sera fatigué, ce qui ne peut tarder, puisque tous les actes de l'administration tendent vers ce but?....

« lieu sans une déclaration préalable de l'expéditeur
« ou de l'acheteur, et sans que le voiturier ne soit muni
« d'une expédition prise au bureau de la Régie. » Voilà,
certes, Messieurs, l'entrave la plus grande qu'on
puisse apporter à la marche du commerce. Mais, *sauf
les exceptions que chaque règle comporte*, elle est
nécessaire : c'est la garantie de l'impôt, c'est la cheville
ouvrière de tout le service (1); aussi, il n'est pas un
être raisonnable qui ne s'incline devant cette loi de
nécessité. Il est donc du devoir de l'administration,
quand même les intérêts du commerce ne le prescri-
raient pas (2), de lui rendre cette disposition la moins
onéreuse possible, de lui faciliter les moyens de se
mettre en règle et de ne lui en refuser aucun. Eh
bien ! c'est tout le contraire. Là, comme chaque fois
que la loi la gêne, l'administration cherche à l'éluder,
et donne l'exemple de la fraude ; ainsi, au lieu de tenir ses bureaux ouverts depuis le lever du soleil jusqu'au coucher, pour la délivrance des expéditions,
comme elle y est obligée d'après l'article 234 de la loi
du 28 avril 1816, et de s'en référer aux heures fixées
par l'article 26 de la même loi, qui est le corollaire de
l'article précité, elle ne délivre d'expédition A Bercy,
*le port de France le plus important pour la vente des
vins*, que de 7 heures du matin à 5 heures du soir,
depuis le 1ᵉʳ avril jusqu'au 30 septembre, et de 8 heures du matin jusqu'à 4 heures du soir, *depuis le
1ᵉʳ octobre au 31 mars*. Tout le monde sait que, dans
les villes un peu importantes, les receveurs principaux

---

(1) C'est aussi, remarquez-le bien, la cheville ouvrière de toutes les opérations du commerce des boissons.

(2) Voir la pièce timbrée sous le n° 4, dont l'administration n'a tenu
aucun compte.

n'ouvrent leurs bureaux qu'à 8 et 9 heures, et les ferment de 4 à 5, tandis que, d'après les dispositions de l'article 26, ils devraient être ouverts, pendant les mois *correspondans* de

Janvier,
Février,
Novembre,
Décembre, } depuis 7 heures du matin jusqu'à 6 heures du soir.

Mars,
Avril,
Septembre,
Octobre, } depuis 6 heures du matin jusqu'à 7 heures du soir.

Mai,
Juin,
Juillet,
Août, } depuis 5 heures du matin jusqu'à 8 heures du soir.

Et ce, attendu que, tous les articles d'une loi devant se coordonner, on ne peut admettre que le législateur ait accordé, d'un côté, l'autorisation d'entrer dans les communes sujettes au droit d'octroi pendant les intervalles ci-dessus fixés, et qu'il eût, d'un autre côté, refusé les moyens de le faire. D'ailleurs, il faut, en administration comme en commerce, des règles fixes ; avec la prétention contraire, on serait obligé d'avoir constamment à la main, comme le receveur de Bercy, un almanach grégorien (1).

Représentez-vous maintenant, Messieurs, à ces

____

(1) Je dis comme le receveur de Bercy, parce que, le jour où je me présentai à son bureau, accompagné du commissaire de police, ainsi qu'il va en être mention plus loin, il m'objecta que, d'après cet almanach, il ne devait me délivrer des expéditions à cette date que jusqu'à 6 heures 53 minutes. Il ne peut, certes, exister de rédaction plus vicieuse que celle de l'article 234, puisque tous les almanachs diffèrent sur l'heure du lever et du coucher du soleil, qui d'ailleurs varie tous les jours. Il y a donc nécessité de fixer dans la nouvelle loi des heures pour chaque saison.

malheureux voituriers, levés depuis trois et quatre
heures du matin, ne pouvant commencer leur jour-
née qu'à huit et neuf heures, parce qu'avant tout il
faut que le receveur principal déjeune; voyez ces autres, chômant sur les ports avec leurs chevaux, depuis
le matin, et obligés de s'en retourner à quatre et
cinq heures de l'après-midi, au moment où ils
trouvent de l'ouvrage, parce que c'est l'heure de dî-
ner du receveur, et qu'on ne délivre plus d'expéditions. Et ce négociant qui, demeurant à quatre lieues
de Paris, y envoie des vins avec l'intention de faire
ramener en retour ceux qu'il a sur le port ; il aura
beau faire charger sa voiture la veille, la mettre en
route à la première heure, toutes ses diligences, tous
ses calculs viendront échouer devant les obstacles
qu'il rencontre à chaque pas; arrivé à la porte de la
ville, il ne pourra y entrer qu'après avoir attendu
deux et trois heures, parce que, sur six ou sept barrières attenant les unes aux autres, on ne permet l'entrée des boissons que par deux, *concurremment* avec
tout ce qui entre dans Paris, notamment avec deux
à trois cents voitures de fourrages, bien qu'il existe
à cinquante pas deux barrières beaucoup plus rap-
prochées du marché, et qui y conduisent directement
par des rues larges et peu fréquentées ; il ne pourra
arriver à Bercy avant quatre ou cinq heures, et, faute
d'expédition, sa voiture s'en reviendra à vide, puis le
lendemain il sera obligé de payer 16 à 18 francs pour
faire venir ses vins qu'il aurait pu ramener la veille.

Comment tout ce qui tient à cette administration
ne serait-il pas antipathique au peuple, à qui les impôts indirects coûtent, par suite des pertes de toute
espèce qu'on lui fait éprouver, trois à quatre fois

plus qu'ils ne rapportent à l'état, par la raison qu'il ne trouve de moyens de s'indemniser que par la fraude, qui enlève au trésor plus de la moitié de l'impôt?

Ce n'est pas de notre faute, vous répondra, *comme à moi*, l'administration : c'est à celui qui éprouve un refus à le faire constater, et à réclamer contre le buraliste des dommages et intérêts ; et justice lui sera rendue... Vous allez voir, Messieurs, si, avec l'inadmission de la preuve testimoniale, la chose est possible.

Ce négociant dont je viens de vous parler, c'est moi, qui, en août dernier, n'ayant pu arriver à Bercy avec ma voiture qu'à cinq heures et demie du soir, me trouvai dans la nécessité d'avoir recours au ministère d'un huissier pour obtenir une expédition, qui, d'après l'heure habituelle de la fermeture du bureau (5 heures), allait infailliblement m'être refusée.

L'huissier chez lequel je me présentai, *qui est le seul à Bercy*, partant pour signifier dans Paris des actes pressés, envoya chercher un de ses confrères pour le remplacer. Son clerc, étant allé chez deux sans pouvoir en rencontrer un, ne rentra qu'une heure et demie après ; et comme le moment de la fermeture légale du bureau s'approchait, et que je tenais essentiellement à faire cesser cet abus, je courus chez le commissaire de police, qui, étant à table, me fit répondre qu'il n'y était pas. Cependant, après un quart d'heure d'attente à la porte d'entrée, je remontai et fus introduit dans son cabinet, où il me fallut encore attendre quelques minutes, puis, avant de nous mettre en route, lui donner de longues explications sur l'objet de sa démarche. Chemin faisant, je le prévins qu'à raison de l'heure avancée et de la distance qu'il nous restait à parcourir, nous arriverions probablement trop tard pour avoir droit à une expédition ; qu'alors sa présence n'aurait plus d'autre but que de constater, d'après la déclaration du receveur, l'heure habituelle de la fermeture du bureau.

Huit heures sonnant au moment de notre arrivée, le receveur pria le commissaire de police de remarquer que son bureau était ouvert au public, et qu'on ne lui avait point encore présenté de demande pour l'acquit que je réclamais, tout en lui faisant observer qu'il n'avait aucun caractère pour constater des faits de cette nature contre la Régie, et que j'aurais dû m'adresser à un huissier, etc.

Tout cela est l'exacte vérité; mais le certificat ci-joint (timbré n° 5) des négocians les plus recommandables de Bercy vous démontrera qu'il était aussi inutile pour moi que pour eux de me présenter autrement qu'assisté d'un huissier.

Si moi, Messieurs, qui connais mon droit et qui ne néglige rien pour le faire prévaloir, n'ai pu, en usant du seul moyen que la loi nous accorde, obtenir d'expédition deux heures et demie avant la fermeture légale du bureau, et *à la porte de* PARIS, où il existe cent quarante à cent cinquante huissiers, comment un malheureux voiturier, pour lequel on n'a aucune considération, en raison de son ignorance, pourrait-il s'en faire délivrer, surtout dans les localités où il faut faire trois à quatre lieues pour aller chercher un huissier qu'on n'est pas certain de rencontrer, et qui, d'ailleurs, ne pourrait arriver à temps?... Ne sommes-nous pas encore sur ce point, le plus important de tous pour le commerce, à la discrétion du dernier des employés de la Régie, puisque l'unique moyen de défense qu'on nous donne, est illusoire et pire que le mal?

Que faut-il de plus, Messieurs, pour vous démontrer la nécessité de substituer la preuve testimoniale à l'inscription de faux dont la régie fait à chaque pas un si cruel abus, et pour obliger, dans la loi nouvelle les receveurs, *sous peine de destitution*, à afficher à leur porte, comme cela se pratique depuis long-temps dans l'administration modèle, celle des postes, les heures d'ouverture et de fermeture du bureau, qu'on pourrait fixer, *sans distinction de jours*, tant pour la délivrance des expéditions que pour l'introduction des boissons dans les communes sujettes aux droits d'entrée, comme suit:

Pendant les mois de

Janvier, Février, Novembre, Décembre,	ouverture à 6 heures du matin fermeture à 7 heures du soir, au lieu de 7 et 6,
Mars, Avril, Septembre, Octobre,	ouverture à 5 heures du matin; fermeture à 8 heures du soir, au lieu de 6 et 7.
Mai, Juin, Juillet, Août,	ouverture à 4 heures du matin; fermeture à 9 heures du soir, au lieu de 5 et 8.

Que peut objecter l'administration? Qu'avec de telles conditions elle ne trouvera pas de receveurs; que pendant la nuit la surveillance est moins facile, et que la vérification aux barrières présente de graves inconvéniens?

Quant à la première objection, elle ne manquera jamais dans les villes de receveurs principaux et particuliers dont le traitement varie, suivant la population, de 2,000 à 12,000 francs, frais de bureau compris; ni, dans les campagnes, de buralistes auxquels elle donne des bureaux de tabacs et des indemnités pécuniaires, lorsque le produit des expéditions ne dépasse pas une certaine somme; ce n'est point à ceux-ci, du reste, à *quelques exceptions près,* que la condition serait lourde.

Quant à la deuxième objection, que la surveillance est moins facile la **nuit** que le jour, c'est une erreur; car, d'un côté, si les employés ne voient pas ce qui se passe au loin, de l'autre, il leur est beaucoup plus facile d'arriver, sans être aperçus, à l'endroit qu'ils veulent surveiller.

Relativement à la vérification des chargemens aux entrées, il ne peut exister plus d'inconvéniens à sept, huit et neuf heures, suivant les diverses saisons, qu'il n'en existe, sous la loi actuelle, à six heures dans les mois de décembre et de janvier où le soleil se couche à quatre heures et demie.

La chambre ne mettra, certes, point en balance des considérations aussi mesquines, présentées moins dans l'intérêt du trésor que dans celui d'un petit nombre d'employés *plus ou moins rétribués* avec les besoins du commerce et de l'agriculture, auxquels on fait chèrement payer ces petits avantages par les sacrifices de toute espèce qu'on leur impose. D'ailleurs, n'est-il pas de toute justice que celui qui est payé soit au service de celui qui paye? Les considérations que j'oppose à celles de la Régie sont nombreuses et de la plus haute importance ; vous les trouverez longuement exposées, dans ma réclamation à l'administration, timbrée sous le n° 4.

Vous devez être maintenant convaincus, Messieurs, que ce n'est qu'en abordant la pratique qu'on rencontre les difficultés, qu'on reconnaît les impossibilités, qu'on aperçoit les abus et qu'on sent la nécessité d'y porter remède, et *là seulement* qu'on trouve les moyens de le faire.

Nos lois sont vicieuses; personne n'en doute. Mais à quoi cela tient-il?

1° A ce qu'elles sont élaborées dans le secret des bureaux par l'administration, qui ne stipule que dans un seul intérêt : celui de son despotisme;

2° A ce qu'elles sont discutées dans les commissions par des personnes totalement *étrangères* à la pratique, et votées de confiance par la Chambre, *qui n'y entend rien*, suivant les expressions de l'administration. — « A qui parlez-vous de l'intention du législa-« teur? Nous sommes plus à même que vous de la « connaître, puisque c'est nous qui rédigeons nos lois; « les députés, *qui n'y entendent rien*, sont obligés d'en « passer par où nous voulons. » Voilà, Messieurs, ce qui m'a été répondu. Ils ont un moyen certain de vous faire céder : c'est de crier à la fraude; et ils en ont usé jusqu'ici largement;

3° A ce que, faisant partie du budget et confondues dans ses dix mille articles, elles passent inaperçues

des contribuables qui n'ont connaissance de leur pré-
sentation que le jour de leur mise à exécution, lorsqu'il n'est plus temps d'y introduire aucun changement;

4° A ce qu'elles ne reçoivent que le contrôle éphé-
mère d'un des trois pouvoirs : la Chambre des pairs
qui ne peut les amender sans rejeter le budget entier,
étant réduite à les enregistrer *purement* et *simplement*, quelque fondées que puissent être nos réclamations; elles sont donc, indépendamment de tous
les autres vices, frappées d'inconstitutionnalité.

Voilà, messieurs, pourquoi nos lois sont *vicieuses*,
pourquoi elles sont *despotiques*, pourquoi les intérêts
de l'agriculture et du commerce y sont *si peu ména-
gés*.

Que faire en pareil cas? il faut :

1° Obliger les administrations *spéciales* à publier
leurs projets de lois par la voie de la presse, *un mois
au moins avant l'ouverture de la session*, et à les faire
afficher dans toutes les communes, afin que les hommes spéciaux, les praticiens, et tous ceux dont les
droits sont méconnus puissent, avant le départ de
leurs députés, leur faire comprendre en quoi le projet
blesse leur intérêt, quel changement il importe d'y
opérer, et les mettre à même de répondre à toutes les
objections que pourrait y faire l'administration;

2° Rentrer dans le droit commun pour la présen-
tation des lois fiscales; en faire l'objet d'un projet in-
dépendant du budget, dont on pourrait rédiger le
protocole ainsi ou en termes équivalens :

« Les contributions indirectes seront perçues pour
« l'année........ d'après les lois en vigueur, sauf les

« modifications qui y seraient introduites par le con-
« cours régulier des trois pouvoirs. » (On pourrait
ajouter : d'ici au.......)

Les lois sont-elles autre chose que des conventions?
Qui pourrait trouver dans une semblable disposition un motif pour se refuser au paiement de l'impôt?
— Sans celle-là, ou une analogue, nos lois fiscales seront toujours entachées d'inconstitutionnalité, puisque
le contribuable est privé *par le fait* d'une des garanties de la Charte, indispensable à la défense de ses intérêts : le *libre* contrôle de la Chambre des pairs.

Je suppose un instant que tout ce que je viens de
proposer soit admis, *moins la division des projets de
loi*, qu'arriverait-il? Que la Chambre, influencée par
un orateur habile ou trompée par un argument captieux, pourrait renverser, sans s'en douter, toute
l'économie de loi par l'adoption d'un amendement
présenté lors de la discussion des articles et réservé à
dessein.

Il est des *mots*, Messieurs, dont la Chambre ne peut
soupçonner la portée, qui, d'après les règles du langage fiscal, ont une tout autre valeur que celle que
vous leur attribuez, et au moyen desquels l'administration obtient devant les tribunaux l'abrogation de
toutes les dispositions législatives qui la contrarient. Je
puis en donner à votre commission des milliers
d'exemples; aussi ne sauriez-vous jamais expliquer
trop clairement votre pensée.

Tout ceci, Messieurs, est de l'histoire; tous mes
calculs sont mathématiques, et en vous donnant le
moyen de suppléer au défaut de spécialité de la
Chambre, j'attaque le despotisme fiscal dans sa principale racine. »

Ce qui nous perd en France, ce qui a empêché jusqu'ici les diverses dynasties de se consolider, c'est qu'on s'occupe trop de politique et pas assez des intérêts matériels, qu'on laisse en proie à une horrible souffrance; c'est qu'on s'occupe trop des hommes et pas assez des choses; c'est qu'on se rebute devant les moindres difficultés, et qu'on trouve plus commode de tourner les obstacles que de les faire disparaître; c'est qu'on a tellement peur du mouvement progressif qu'on recule pour ne pas aller en avant, comme si le mouvement rétrograde n'était pas le plus dangereux de tous. Enfin, ce qui nous tue, c'est l'égoïsme; on ne sait faire de sacrifice dans l'intérêt public qu'en paroles.

N'est-il pas honteux, par exemple, pour le corps des notaires, hommes généralement instruits, de les entendre gémir sur les imperfections et les vices des lois sur l'enregistrement, de les voir tous courber la tête devant les abus, et aller, au printemps de leur âge, dévorer dans la solitude les fruits de la faveur publique, sans qu'un *seul* ait songé jusqu'ici à tenir compte à ce public de la position élevée qu'il lui a faite? Voyez aujourd'hui comme ils se remuent dans leur intérêt privé... Si les hommes spéciaux ne signalent pas à l'administration les vices de la loi pour ce qui les regarde, comment pourrait-elle les connaître? aussi le tort n'est pas toujours de son côté. J'ai eu soin d'enlever à la Régie toute excuse à cet égard; je l'ai fatiguée inutilement, depuis 1836, de réclamations; elle n'en a tenu aucun compte, pas même de celles qui étaient uniquement dans l'intérêt du trésor. (*Voir les pièces timbrées*, n°s 4 et 7.) C'est ce qui me donne aujourd'hui le droit d'être sévère.

Les demandes de réforme sont généralement accueillies avec tant de prévention que je ne saurais trop vous répéter que ce n'est point l'abolition de l'exercice que je viens vous demander, ni la suppression des mesures qui seules peuvent le rendre efficace; je viens au contraire vous prier d'en assurer à jamais l'existence, en le dépouillant de cette multitude d'entraves qui font perdre aux contribuables, et par contre-coup au trésor, des millions, en rendant à l'agriculture, au commerce et à l'industrie ce degré de liberté sans lequel ils ne peuvent exister qu'à l'aide de la fraude et de la contravention, enfin, en garantissant à chacun ses droits; mais il faut encore s'attendre cette année, comme en 1816 et 1831, à voir l'administration, tout en avouant les vices du mode actuel, vous dire QUE LA SESSION EST TROP AVANCÉE pour élaborer et vous présenter un projet de réforme, ou, afin de calmer votre impatience et la nôtre, vous affirmer qu'elle s'en occupe et qu'il vous sera incessamment présenté. C'est ainsi, comme vous allez vous en convaincre par la lecture des discours ci-après, qu'on s'est débarrassé jusqu'à ce jour des réclamations importunes de la Chambre et du commerce, et qu'on a laissé, pendant vingt-quatre ans, peser sur nous, *avec toutes ses imperfections*, une loi qu'on avait annoncé ne devoir être que provisoire.

Rapport sur la loi du 28 avril 1816. — Séance du 13 mars 1816.

M. FEUILLANT. «Votre commission, investie du droit « d'examiner toutes les contributions indirectes, n'a « pas eu de devoir plus pénible à remplir que celui

(67)

« que cet examen lui imposait; *elle a été effrayée de*
« *la cruelle fiscalité à laquelle les sujets du Roi al-*
« *laient être exposés*, *elle a considéré toutes ses con-*
« *séquences* DÉSASTREUSES *pour le commerce*........
....

« Maintenant, Messieurs, je vais vous soumettre
« l'avis motivé de votre commission sur les contribu-
« tions indirectes annuellement établies.

« De nombreuses réclamations nous ont été adres-
« sées contre l'exercice; votre commission ne s'est
« pas dissimulée que ces plaintes étaient fondées et
« légitimes ; MAIS *la force des événemens n'ayant pas*
« *permis aux ministres de S. M. de vous présenter le*
« *budget en octobre de l'année dernière*, NOUS N'AVONS
« PLUS QUE TROIS MOIS DEVANT NOUS *pour faire des dis-*
« *positions au moyen desquelles l'exercice pourrait*
« *être modifié dans ce qu'il présente de trop rigoureux*
« *ou remplacé par un meilleur mode d'abonnement*..
....

« Toutes les villes, par les mémoires renvoyés à
« votre commission ou par des députés extraordinai-
« res qu'elle a admis à ses séances, ont proposé de
« payer *l'équivalent* de l'impôt qui les atteignait,
« *pourvu qu'elles fussent débarrassées de la gêne et*
« *des entraves qu'entraîne avec lui le mode actuel*
« *de perception* » ..... C'était, en un mot, le régime
de Paris après lequel elles aspiraient; elles l'ont obtenu en 1832 , mais il ne leur en reste plus aujour-
d'hui que les charges......

*Exposé des motifs du budget des recettes de 1832. —
(Séance du 20 août 1831.)*

LE MINISTRE DES FINANCES. « Nous ne croyons pas
« pouvoir proposer pour 1832 de modifications dans
« nos impôts indirects ; ce n'est pas que nous regar-
« dions notre système d'impôts *comme à l'abri de
« toute critique et comme n'étant pas susceptible de
« recevoir de perfectionnement,* MAIS L'ANNÉE EST DÉJA
« TROP AVANCÉE, etc..... »

Cette session était-elle donc la première et la dernière?... L'administration n'avait-elle pas eu le temps
auparavant, et ne l'a-t-elle pas eu depuis?.....

*Rapport de la commission du budget des recettes de
1832. — Séance du 4 février 1832.*

M. HUMANN. « L'examen de la législation sur les
« boissons nous a laissé la conviction profonde qu'elle
« n'a pas les inconvéniens qu'on lui impute. Nous y
« introduirons néanmoins quelques changemens qui
« adouciront encore davantage les formes de la per-
« ception.
« Ces amendemens sont rédigés en articles addi-
« tionnels au projet de loi, ... » Ce sont ceux relatifs à l'affranchissement de l'exercice.

Ainsi, c'est à la Chambre seule que nous devons cette
importante amélioration ; elle a bien su, elle, trouver
le temps qui manquait à l'administration : aussi c'est
à vous seuls, Messieurs, que nous nous adressons aujourd'hui, persuadé que vous userez cette année,

comme en 1832, de votre droit d'initiative, et que vous opérerez enfin cette réforme qu'on nous promet chaque année depuis un quart de siècle. La Régie ne fera rien pour le commerce, parce que le temps est calme et les populations paisibles. Il faudrait, pour lui arracher la moindre concession, que le temps fût orageux, qu'elle vît de nouveau le peuple en fureur briser ses barrières, incendier ses registres, et la poursuivre en tous lieux ; c'est alors qu'elle s'humilie et qu'elle convient que son système n'est pas à l'abri de toute critique......

> Le criminel pâlit au jour de la justice,
> Il pleure et se repent en voyant le supplice.

Ne dirait-on pas que la tranquillité lui soit à charge; que, semblable aux vaisseaux qui parcourent les mers, elle ne puisse marcher dans le calme ? Mais qu'elle prenne garde; c'est au milieu de l'agitation qu'ils périssent!!!......

Vous venez de voir, Messieurs, quoique bien en abrégé sans doute, comment on agit à l'égard de cette classe de citoyens placés sous un état de siége permanent, et que la Régie traite avec dédain d'*assujétis* (*). Quelle affreuse tyrannie on exerce sur cette

---

(1) Vous direz à cet assujéti..., La demande de cet assujéti.... etc.

> Eh quoi! la France est libre, alors qu'une partie
> Sous un joug odieux languit assujétie!
> Rome eut ses souverains, mais jamais absolus,
> Et la *Régie* a pu nous traiter en vaincus!
> De par son droit inique elle sait, à son gré,
> Quoiqu'innocens du tout, nous faire condamner,
> Nous torturer l'esprit et nous incarcérer.
> Est-ce donc là vraiment de la légalité?....

classe laborieuse! à quel point on abuse de son ignorance! combien est impuissante la loi qui doit la protéger, et quel préjudice elle éprouve de cette multitude
d'entraves dont on a entouré, sans aucun discernement, toutes les opérations du commerce et de l'industrie! Verrez-vous avec indifférence se tarir ces sources
fécondes de la prospérité nationale? Ne serez-vous
donc point touchés de nos souffrances physiques et
morales? Jusqu'à quand, Messieurs, nous laisserez-
vous dans cet état de servitude et d'avilissement, lorsque tout le monde autour de nous respire l'air de
la liberté? Quand détruirez-vous cet édifice en
ruine, dont la chute imminente menace notre existence à tous? Quand enfin ferez-vous justice de ce
système immoral qui, blessant les citoyens dans
leur intérêt le plus cher, force les hommes les
plus honorables à s'avilir à leurs propres yeux, à
étouffer le cri de leur conscience pour n'entendre
que celui de leurs enfans? Frauder où mourir de
faim!... Telle est la cruelle alternative où nous sommes
placés. Nous demandons à en sortir, *dans l'intérêt de
l'état*, et on nous refuse.... En serons-nous donc ré-
duits, pour l'obtenir, à faire de nouveau appel à l'é-
meute, à saluer avec enthousiasme le drapeau de
la révolte, *blanc*, *rouge* ou *vert*, lorsqu'on y lira
cette inscription magique : PLUS DE DROITS RÉUNIS?...
Ce cri de réforme, qui part à la fois de tous les
rangs de la société, ne frappe-t-il donc point vos
oreilles? pouvez-vous ne pas y voir l'expression
d'un besoin, d'un malaise et d'une lassitude générale;
ne pas le considérer comme un dernier effort pour
sortir sans secousse de cette ornière où périt la res-

tauration, et qui de jour en jour devient plus profonde ? Ne craignez-vous pas qu'au jour du désespoir, les baïonnettes du pouvoir ne viennent se briser encore contre les barricades? Et alors cette colonne qui s'élève sur le terrain où exista la Bastille sera-t-elle assez majestueuse pour recevoir les noms des vainqueurs ? Ce génie qui la surmonte n'appelle-t-il pas tous ceux dont les droits sont méconnus à les défendre? Cette insurrection, après vingt cinq ans de souffrances et de réclamations inutiles, serait-elle donc moins sacrée que celle que doit éterniser ce monument?.....

Ah ! ne croyez pas, Messieurs, que mon intention soit de crier aux armes. Je professe pour l'émeute un mépris trop profond, pour jamais me prosterner devant ses autels. Si, cédant à la loi de la nécessité, je ne voyais qu'en elle de salut pour l'état..., je gémirais toute ma vie d'une victoire remportée sur des Français, et, au lieu de chercher à en perpétuer la mémoire, je ferais tout pour l'ensevelir dans un éternel oubli. Si je m'incline devant cette colonne, que je considère comme la leçon des rois, et non comme un trophée pour le peuple, c'est pour ne pas la voir!... Et cependant, il n'est pas un homme en France qui attache plus que moi de prix à la liberté; mais pour ce qui regarde les affaires intérieures de la France, mon courage est tout civil : pour moi, la place des baïonnettes est sur les frontières : c'est par une sage administration, et surtout en rendant justice au peuple qu'on l'empêche d'avoir recours à la force brutale pour l'obtenir; loin de là, Messieurs, il n'est pas une seule concession que nous n'ayons conquise à la pointe de l'épée, que nous ne devions à l'émeute (1), étrange oubli de tous les principes administratifs!... N'est-ce donc pas là une prime donnée à la révolte ? Le gouvernement qui ne sait pas se plier à temps aux exigences de la raison, qui ne cède qu'à la force des baïonnettes, doit périr par les armes. Cette vérité est écrite tout entière sur la colonne de juillet!!!...

De tous les ministères qui se sont succédé depuis 1830, en est-il un seul qui ait cherché à améliorer notre sort ? Et pourtant, nous voyons au pouvoir une partie de ces hommes qui offraient à la nation le plus de garantie ; au lieu d'avancer sous leur administration, nous reculons chaque jour, et notre position est devenue mille fois pire que sous la restauration: ce qu'il y avait de dispositions sages dans les lois de 1816, 1824 et *même* de 1832, n'existe plus; on nous les a escamotées en 1837 (2); l'affranchissement n'est plus qu'un vain mot. Faut-il donc que dans le parallèle du gouvernement d'alors avec celui d'aujourd'hui l'avantage reste tout entier à celui que nous avons renversé ?....

La fiscalité, surtout celle exercée, comme de nos jours, sans *mesure* ni *intelligence*, est l'immoralité même et le plus dangereux écueil des gouvernemens, celui contre lequel ils doivent tous se briser. Nous n'aurons donc, depuis quarante ans, rien appris en finance. Comment, lorsqu'on lit dans les annales de la Régie « que les commotions populaires de 1814 et de 1830

---

(1) La seule que nous ayons obtenue en temps de paix nous a été accordée en 1824, et ravie en 1837.

(2) Voir la discussion du rapport sur le budget des recettes de 1837, pages 28 et suivantes du premier numéro du journal *le Censeur de la Régie.*

« ont affermi plutôt qu'ébranlé notre système de per-
« ception, » ne voit-on pas que c'est parce que chacune
de ces révolutions, la *première* surtout, a enseveli un
certain nombre d'abus qui le rendaient antipathique au
peuple ? N'est-ce pas démontrer jusqu'à l'évidence
qu'en s'attachant à détruire le reste, on assurerait à
jamais son existence ?... C'est, Messieurs, en désespoir
de cause, ce que je viens vous supplier de faire, puisque nous ne devons rien attendre de l'administration. Réparer cet édifice, qui manque par sa base,
serait inutile, et même dangereux ; j'ai en main l'instrument qui doit lui porter le dernier coup ; il faut,
dans l'intérêt de la morale et de la fortune publique
encore plus que dans le nôtre, qu'il soit démoli de
fond en comble.

Hâtez-vous donc, Messieurs, d'opposer une di-
gue au torrent fiscal qui déborde de toute part,
et d'arrêter les progrès de la corruption ; les choses
en sont venues à ce point que la fraude, aux yeux
mêmes des casuistes, est un acte licite (1) ; bientôt sans doute on lui élevera *aussi* des autels, et à
quoi devra-t-on l'attribuer ?.... A cette persistance *inconcevable* à ne pas vouloir sortir d'une voie qu'on
reconnaît mauvaise, et dans laquelle on a failli périr
plus d'une fois !!!... Persistance qui ne peut manquer
d'être aussi fatale au gouvernement actuel qu'à celui

---

(1) Le curé d'une commune que j'ai habitée, auquel on ne pouvait adresser d'autres reproches que celui d'être trop scrupuleux, regardant la fraude
comme un péché, d'après la maxime de l'Évangile : *Redde Cæsari quod est
Cæsaris*, et voulant savoir s'il existait plusieurs degrés de culpabilité suivant
que le fraudeur était ou non père de famille, suivant qu'il exposait ou non
l'avenir de ses enfans, et enfin suivant l'importance du droit fraudé, alla
consulter son évêque, qui lui répondit : « Il n'y a, jeune homme, parmi tous
ceux que vous me citez, qu'un coupable, c'est celui qui se laisse prendre. »

qui l'a précédé; et, je ne crains pas de le dire à haute et intelligible voix, s'il ne s'attache pas à faire disparaître de son administration cette immoralité profonde qui la dégrade et l'affaiblit, à guérir cette lèpre de notre époque, à extirper ce cancer qui ronge le corps social, enfin à éteindre ce foyer de plus en plus ardent de vexations, de résistances et de divisions intestines, ses jours sont comptés!... il ne tardera pas à voir s'éloigner en masse tous les hommes honnêtes, toutes les consciences pures; et le jour où naîtra, je ne dirai pas le dégoût, mais l'indifférence, quelque faible que soit le nombre des assaillans, il périra dans l'isolement, comme Charles X, aux plus beaux jours de sa puissance. Le danger pour un gouvernement consiste moins dans le nombre de ses ennemis que dans l'indifférence de ceux qui sont appelés à le défendre. Là est l'histoire tout entière des événemens de 1830, dont on semble avoir déjà perdu le souvenir. A quoi sert donc la colonne de juillet?...

Parler d'amélioration dans le siècle où nous vivons, est un langage suspect, comme si nous étions parvenus à l'apogée de la science gouvernementale; proposer une innovation, c'est vouloir une révolution, le bouleversement de l'ordre de choses actuel, et le renversement de la dynastie, comme si elle était inhérente aux abus. On conçoit qu'aux yeux de ceux qui jouissent des délices de la cour, loin du théâtre de nos misères, le mal soit imperceptible, et que le remède leur paraisse sans nécessité; que celui qui est assis sur un trône devenu si mobile, parce qu'on ne veut rien faire pour le consolider, puisse craindre les effets du mouvement; mais vous, Messieurs, qui vi-

vez au milieu de nous, qui, témoins de nos souffrances physiques et de nos tortures morales, connaissez
toutes les rigueurs de notre position, la légitimité de
nos plaintes et la pureté de nos intentions; vous qui,
en acceptant notre mandat, nous avez promis protec-
tion pour le commerce et l'industrie, allégement dans
le poids de l'impôt, et adoucissement dans les formes
de sa perception, pourriez-vous considérer nos souffrances comme des chimères, nos tortures morales
comme des songes, nos plaintes comme des cris
séditieux, et l'appel que nous faisons à un avenir
plus doux comme de coupables projets? Non, non,.,
vous nous avez donné trop de preuves de l'ardent désir que vous avez d'améliorer notre sort; et si vos
vœux ont été stériles, et vos efforts impuissans, il
ne faut l'attribuer qu'à notre malheureuse spécialité,
contre laquelle ils sont venus se briser; rempart in-
expugnable, derrière lequel se sont retranchés jusqu'ici les agens du fisc. Mais aujourd'hui, Messieurs,
l'obstacle est surmonté, la difficulté est vaincue, et
l'impossible a dû céder à la puissance *irrésistible* d'un
travail opiniâtre; une voie large et facile vous est ouverte, une lumière vive a remplacé cette obscurité
profonde, qui vous faisait craindre le danger où il
n'existait pas. Je me suis attaché à rendre votre tâche
aisée, en posant, non les bases d'un système nouveau,
car l'exercice *avec la faculté d'abonnement et d'affranchissement*, est le mode par excellence, mais les
bases d'une charte fiscale en harmonie avec nos mœurs
et l'esprit de notre constitution, avec l'intérêt de
l'état et les besoins de l'agriculture et du commerce,
et surtout avec les règles de la morale, qui, sous le
régime actuel, est foulée aux pieds, autant par l'ad-

ministration que par les contribuables. C'est à qui fraudera le plus !...

Ne perdez pas un instant de vue, Messieurs, que, née sous un dictateur habitué à faire marcher l'administration civile au pas militaire, au moment où on s'engageait dans une voie inconnue, *étroite* par conséquent pour les agens du fisc, et *large* pour la fraude, à une époque où les partis avaient encore les armes à la main, où le souvenir des excès passés appelait la résistance, où l'autorité enfin ne trouvait de force que dans le despotisme, la législation sur les boissons devait *nécessairement* en porter le cachet ; mais que, sous un gouvernement constitutionnel, qui repose sur la liberté et l'égalité devant la loi, elle est devenue, *surtout après trente-six ans d'expérience*, une anomalie choquante, et, pour le peuple, une cause permanente de désaffection pour tous les gouvernemens.

Voici sommairement, Messieurs, les modifications que je regarde comme indispensables d'introduire dans la législation des boissons, lors de sa révision.

BASES DE LA RÉFORME.

Il est un fait constant, que d'ailleurs j'ai établi d'une manière irrécusable, fait qu'il est important de ne pas oublier : c'est que la fraude et la contravention sont, sous le régime actuel, une nécessité, un événement de force majeure, qui met la Régie dans l'obligation de transiger avec elles ; et, aux yeux de celui qui veut rester fidèle aux principes de l'équité, toute peine infligée à celui auquel on refuse les moyens de se conformer à la loi est une injustice, un acte d'une odieuse tyrannie.

Dans une semblable position, les marchands en gros, quelque répugnance qu'ils aient à se prêter à la fraude, sont obligés, pour conserver leurs cliens, de céder à leur exigence; et c'est par ce motif qu'ils sont dans l'usage de demander aux débitans qui viennent s'approvisionner chez eux « si c'est *avec* ou *sans* « acquit qu'ils veulent leurs spiritueux, s'il faut pren- « dre un *congé* ou *un acquit* pour leurs vins, ci- « dres, etc. »

À cette question, il m'a été répondu, chaque fois que les débitans étaient exercés par des hommes pénétrés de cette vérité, qu'on obtient plus de l'amitié que de la crainte : « *C'est avec acquit*, parce que « je suis bien avec mes employés ; ils ont des com- « plaisances pour moi; ils me permettent beaucoup « de choses qu'ils pourraient m'empêcher de faire, « s'ils voulaient : j'aime mieux gagner moins, et ne « pas me brouiller avec eux. »

Ainsi, vous voyez que cette classe d'individus pour laquelle on ne se croit obligé à aucun égard sait cependant tenir compte au fisc des complaisances de ses agens.

Tout mon système, Messieurs, se résume donc dans ce peu de mots :

Il faut être complaisant pour celui qui paie; aller, comme l'administration modèle, au devant de tous ses besoins ;

Faire disparaître cette multitude d'entraves sans

objet pour la perception , qui, arrêtant à chaque pas la marche du commerce , décuple pour lui le chiffre de l'impôt ;

Ne plus faire supporter aux contribuables les fautes qui résultent de la négligence , de l'étourderie ou de l'ignorance des employés ;

Être sévère à l'égard de ces derniers, lorsqu'ils s'écartent de la ligne de modération qui leur est prescrite, et à cet effet, que les contrôleurs , au lieu de s'occuper uniquement à tourmenter les contribuables, après s'être assurés qu'ils exécutent ponctuellement la loi, s'enquièrent s'ils n'ont contre eux aucun motif de plaintes ;

Exiger des employés en général plus de garantie, de capacité et d'instruction qu'on ne l'a fait jusqu'à présent, car plus ils sont ignorans, plus on éprouve de difficultés ;

Leur prescrire de demander aux débitans rédimés, à chaque tournée , *ainsi qu'ils l'ont fait de 1832 à 1837*, s'ils n'ont rien reçu de sujet aux droits , mais sans aller au-delà; dans le cas de la négative, que mention soit faite au portatif de leur réponse, et signée de ceux qui sont en état de le faire (1) ; dans le cas de l'affirmative, qu'ils perçoivent à domicile le montant des droits, afin d'éviter au contribuable des

---

(1) Cette disposition a un double but d'utilité : par rapport au service, c'est un moyen de contrôle du même genre que les bulletins de présence et qui leur vient en aide; relativement aux rédimés, il rend impossible ces vexations qu'on exerce journellement à leur égard en leur défendant, sous peine de ne pas leur accorder décharge de l'acquit, de disposer de leurs boissons, bien que les droits en soient acquittés avant leur reconnaissance par les employés, opération que ceux-ci retardent pendant quinze jours, trois semaines et souvent plus, dans le but de les dégoûter de l'affranchissement. Quelle infâme tyrannie!!!...... (*Voir les pièces timbrées sous le n° 6.*)

courses de trois et quatre lieues, pour aller le verser
au bureau entre les mains d'un homme qui, ne présen-
tant pas les mêmes garanties de capacité et de solva-
bilité, peut compromettre à la fois les intérêts du trésor et ceux du débitant;

Accorder aux rédimés, s'ils le réclament, un délai
de huit à dix jours pour l'acquittement des droits,
parce qu'ils reçoivent quelquefois leurs marchandises
long-temps avant l'époque sur laquelle ils comptaient;
leur vendeur, pressé par un autre débitant du lieu,
se trouvant dans la nécessité d'en avancer la livraison
pour leur éviter, ou à lui, les frais d'un second
voyage. Il est d'une sage administration de concilier
tous les intérêts;

Ne plus faire payer à celui qui, par suite d'expiration de bail, mutation d'emploi ou tout autre motif,
change de demeure, le droit de consommation sur
les boissons qu'il transporte de son ancien domicile
ou débit rédimé dans le nouveau, quel que soit le lieu
de l'enlèvement et celui de la destination, parce que,
s'il est propriétaire récoltant, c'est le priver de la
franchise que la loi lui accorde; s'il est consommateur
ou débitant affranchi des exercices, il est injuste
d'exiger de lui, dans une circonstance indépendante
de sa volonté, le paiement d'un droit que, d'après la
présomption légale, il a déjà acquitté (1);

---

(1) L'article 84 de la loi du 15 mai 1818 porte que « les boissons expé-
« diées par un détenteur non entrepositaire d'une de ses caves, SITUÉE
« DANS DES LIEUX SUJETS AUX DROITS D'ENTRÉE, dans un autre domicile,
« seront accompagnées d'un acquit-à-caution en franchise de droit. » Toujours de la part de la Régie quelque restriction qui annihile à peu de chose
près les avantages qu'on la force d'accorder au commerce et à l'agriculture. Qu'est-ce qui prouve donc plus en dedans des communes soumises
au droit d'entrée qu'en dehors, que le détenteur a acquitté le droit de con-

Permettre aux marchands en gros l'expédition des boissons par toute quantité, en fût ou en bouteilles, soit avec acquit, soit avec congé; car il ne peut certes résulter plus de préjudice pour le trésor de la vente de quinze bouteilles que de celle de vingt-cinq, ni pour le débitant, auquel il n'est permis, d'après l'article 58 de la loi du 28 avril 1816, de ne vendre *qu'à pot renversé*, *intrà muros*, toute expédition en gros lui étant interdite, même avec acquit, au-dessous de l'hectolitre, en fût et en bouteilles, quelle qu'en soit la quantité. Peut-on raisonnablement obliger le consommateur ou le débitant à prendre vingt-cinq bouteilles, surtout de vins de liqueurs ou de Champagne, quand il n'en a besoin que de dix ou douze? N'est-ce pas encore là une disposition purement gênante, qui nous met dans la nécessité, chaque fois que le cas se présente, d'expédier en fraude (1)?

Accorder à celui qui veut exécuter la loi toutes les facilités pour le faire, et qu'on ne soit plus avec lui pour cet objet *à la minute;*

Enjoindre aux buralistes, quels que soient l'heure et le jour, lorsqu'ils sont présens, de délivrer des expéditions;

Leur prescrire, sous peine de destitution, d'afficher à leurs portes les heures d'ouverture et de fermeture du bureau;

Relativement aux licences, par où j'aurais dû commencer, puisque c'est la première des formalités à remplir, au lieu de donner quatre pouces carrés de

sommation, je dirai plus, celui d'entrée? Toutes les communes ne sont-elles pas, pour la plupart, ouvertes et mal gardées?

(1) L'administration objectera à la Chambre qu'elle vient d'autoriser ces ventes dans une de ses circulaires; mais n'est-ce point encore un piège?...

papiers qui deviennent, une fois le droit acquitté, de toute inutilité, faire imprimer sur chaque licence les articles de loi relatifs à la profession qu'elle concerne, afin que celui qui veut l'exercer connaisse ses obligations envers l'état; car la maxime : *nul ne doit ignorer la loi*, n'est pas admissible dans la pratique, surtout lorsqu'elle s'adresse aux gens de campagne. La première condition, si l'on veut que la loi soit exécutée, c'est de la faire connaître, et de s'appliquer à la faire comprendre;

Et afin qu'on ne fasse pas de ces licences l'usage qu'on fait de celles d'aujourd'hui, condamner celui qui ne pourrait pas la représenter, à toute réquisition, à en prendre une nouvelle à titre d'amende;

Ne plus faire payer de quittance d'expédition, ni la décharge des acquits;

De quittance : parce qu'elles sont la cause des retards de paiemens, en ce que le débitant, que sa position peu aisée rend *liardeur*, les recule de mois en mois, afin d'en diminuer le nombre : de là, perte d'intérêts pour le trésor et parfois des non-valeurs. D'un autre côté, si les employés, pour détourner les débitans de l'affranchissement, leur font observer qu'ils perdent leur remise de 3 p. o/o, en acquittant les droits à l'arrivée, ces derniers n'ignorent pas que, sous le régime de l'exercice, le montant des quittances se compense avec celui de la remise. En effet, le droit d'un fût de 200 litres d'eau-devie à 50 degrés est de 37 fr. 40 cent., dont la remise à raison de 3 p. o/o est de 1 fr. 3 cent., et le montant des quittances de 1 fr. en payant par dixième. Mais la remise sera plus élevée si le fût est plus grand, comme elle sera plus faible s'il est plus petit. Il est

donc d'une bonne administration de supprimer l'un
et l'autre. Le débitant n'y perdra rien ; et par rapport
à la Régie, cette suppression aura le mérite de réduire
à leur plus simple expression les écritures dont on
surcharge les employés, et qui absorbent, au préjudice de la surveillance, une grande partie de leur
temps. En simplifiant les comptes, ils deviendront
plus clairs pour les débitans ; car on en trouverait à
peine un sur mille qui sût faire, dans les comptes
fractionnés, le calcul de sa remise ;

D'EXPÉDITIONS : parce qu'ils sont un des principaux motifs pour lesquels les débitans n'en prennent pas. On conçoit, en effet, que lorsqu'il ne s'agit
que de 1, 2, 3, 4 et 5 litres de liqueurs ou d'eau-de-
vie, le prix de l'acquit et de sa décharge (1) (35 cent.),
ajouté au droit de consommation (37 cent. 1/2), vient
augmenter le droit de chaque litre de 1, 2, 3, 4 et
5 sous, suivant le nombre sur lequel porte l'expédition. Ainsi, c'est à ces 35 centimes, prix de l'acquit et
du certificat, que l'état doit la perte de deux, trois,
quatre ou cinq fois 37 centimes 1/2, perte qui se re-
nouvelle d'autant plus souvent que le droit sur les
spiritueux en bouteilles est déjà beaucoup trop élevé.
D'un autre côté, les débitans, rogneurs de centimes,
se refusant presque toujours au remboursement du
prix des acquits, la plupart des marchands en gros,
qui ne veulent pas faire la guerre à leurs frais, les
engagent à ne pas en prendre. Pour celui à la charge
duquel tombent trois ou quatre mille acquits par an

---

(1) Sur quoi se fonde la Régie pour faire payer les décharges d'acquits,
quand la loi n'autorise à cet égard aucune perception ? N'est-ce pas une
concussion ?

(750 à 1,000 fr.), c'est un fardeau si lourd qu'on doit craindre qu'il ne fasse quelque chose pour l'alléger.

Le principe qui commande la suppression entière du prix des expéditions est le même que celui qui réclame l'abaissement des ports de lettres. Si on veut faire user largement d'une chose, tout le secret consiste à en faciliter les moyens. D'après ce qui précède, n'est-il pas évident qu'on retrouverait dans l'augmentation des recettes le double et le triple du produit des expéditions ?

Supprimer le décime de guerre (perception sans objet en temps de paix), qui, tout décime qu'il est, a le grave inconvénient de fausser le calcul décimal en introduisant des fractions dans tous les comptes, et de les rendre inintelligibles aux débitans, qui n'auront plus l'idée qu'on les trompe, lorsqu'ils pourront les établir et les vérifier eux-mêmes. La Chambre sentira sans doute l'opportunité de cette suppression au moment où tous les efforts du gouvernement tendent à faire prévaloir le système décimal ;

Réduire à 25 centimes le droit beaucoup trop exagéré des liqueurs, et, pour combler le déficit qui doit résulter de ces diverses suppressions et enlever à la Régie tout prétexte de se plaindre, élever à 40 francs celui sur l'alcool ;

Substituer, dans certains cas, la preuve testimoniale à l'inscription de faux, abandonner, dans tous, l'appréciation des faits aux tribunaux ; et que, dans aucun, la Régie ne soit juge et partie, Si de ce mode de procéder il peut résulter quelquefois l'acquittement d'un coupable, ne vaut-il pas mieux en voir acquitter deux et même trois que de livrer un inno-

cent à la discrétion de la Régie, qui ne le renvoie jamais sans dépens?

Obliger l'administration, aussitôt qu'une loi est
promulguée, à en accompagner l'envoi à ses agens
d'une circulaire interprétative dont notification de-
vra être faite à domicile aux parties intéressées, avec
mention au portatif, signée de la partie, afin d'éviter,
de part et d'autre, les allégations mensongères; à leur
en donner communication à toute réquisition; et, si
elle concerne le public, à l'afficher dans chaque commune, le tout sous peine de nullité des procès-verbaux de contravention qui en seraient la suite; car,
pour que nous puissions marcher d'accord, il faut
que nous sachions comment elle entend la loi;

Lui interdire toute interprétation nouvelle, en ce
qui serait contraire aux intérêts privés; et, s'il y a
péril pour ceux du trésor, qu'elle en réfère à la
Chambre; s'il surgit une contestation sur le droit,
qu'il soit loisible au contribuable de la porter du tribunal de première instance à la cour de cassation, afin
de n'être point dans la cruelle nécessité de subir le joug
de l'administration, parce que ses moyens ne lui permettent pas de parcourir tous les degrés de juridiction.
Si cependant, par ce dernier motif ou par aversion
pour les procès, il cède à son exigence, et que, *dans
un délai fixé*, cette exigence soit déclarée illégale par
la cour suprême, qu'on lui restitue, comme on le fait
dans l'administration de l'enregistrement, les amendes
imméritées qu'il a payées. Cette disposition est d'autant
plus sage qu'elle doit protéger le faible contre l'abus
de pouvoir; sans ces mesures, les plus essentielles
peut-être de toutes, il ne peut exister aucune sécurité
pour le contribuable, dont la culpabilité, la contra-

vention et la fraude n'existent le plus souvent que dans le caprice des agens du fisc. Étaient-ils donc coupables, ces débitans rédimés de la ville de Brie auxquels les employés avaient dit : « *Affranchissez-vous, vous aurez le droit de convertir* SANS DÉCLARATION *votre. eau-de-vie en liqueur,* » après qu'un des chefs de l'administration centrale m'avait dit à moi même : *ils en ont le droit;* lorsque surtout ces principes sont écrits de la manière la plus formelle dans les circulaires de l'administration, dans ses annales et dans la loi pour quiconque n'est point étranger au mécanisme des lois fiscales ?

Cela les a-t-il empêchés de voir leur domicile envahi par la Régie; leurs liqueurs, et même leurs eaux-de-vie saisies; d'être traduits devant les tribunaux, et de payer les uns 40 à 50 fr., les autres 4 à 500 fr. de frais, d'amende ou de droits illégaux ? N'est-on pas tombé sur eux, comme le vautour sur sa proie *après l'avoir endormie,* sans les avoir prévenus, ni leur avoir notifié cette décision nouvelle, qui ne pouvait d'ailleurs avoir d'effet rétroactif, en portant sur des faits accomplis ? Était-il coupable aussi, ce sieur Rousselle, sur lequel on a saisi, *avec les circonstances les plus perfides,* un fût d'eau-de-vie d'une contenance inférieure à l'hectolitre, contrairement aux termes exprès des circulaires 44 et 75, et à ceux de l'article 41 de la loi du 21 avril 1832 ? Et, bien que j'eusse mis sous les yeux de l'administration tous les détails de cette affaire machiavélique, n'a-t-il pas été condamné comme un fraudeur de profession, lui qui n'avait pas encore commencé à débiter? Et ces négocians auxquels on ne délivre d'expéditions, *à l'entrepôt général de Paris,* que d'après la contenance et le degré reconnu, par les jaugeurs de l'octroi, qui les consignent de leurs mains sur la demande d'expédition, sont-ils encore coupables, ceux-là, si, par suite de l'erreur des jaugeurs ou de l'inexactitude de l'instrument, la déclaration qu'on leur a imposée ne se trouve pas exacte à la sortie? N'est-ce pas le comble de l'infamie de *saisir leurs boissons, chevaux et voitures*, et de leur réclamer 3 à 400 francs d'amende? *Pourriez-vous croire à de tels actes, si vous n'aviez pas sous les yeux la pièce de conviction n°. 7* ? Enfin, comme si je n'avais pas assez de faits à invoquer dans l'espèce, je reçois, à l'instant même où j'écris ces mots, une contrainte, afin de payer une seconde licence de marchand en gros, parce que, revenant sur un état de choses en vigueur depuis quinze ans, d'après ses décisions et circulaires n°s 8 et 11, il plaît *aujourd'hui* à l'administration de considérer mon commerce de vins et d'eaux-de-vie, réuni à celui de liquoriste, comme formant deux professions distinctes *qui n'ont entre elles aucune analogie*. Est-ce là de la légalité ou de l'arbitraire? N'est-ce pas nous traiter comme des animaux auxquels on jette à manger, et qu'on caresse pour mieux les attraper?... Pouvons-nous, je le répète, ne pas considérer les décisions et les circulaires de l'administration comme des guet-apens, comme des piéges tendus à la bonne foi?.. Cela peut-il être autrement, quand nous sommes livrés pieds et mains liés à celui qui nous poursuit?

Ne vous y trompez pas, Messieurs, ce n'est point l'exercice en lui-même qui est antipathique au peuple, mais la tyrannie de l'administration qui le révolte. C'est donc un motif puissant pour circonscrire son pouvoir dans les limites les plus étroites pour tout ce

qui a rapport à l'interprétation des lois. Sans les formalités que je vous indique, ou d'autres analogues,
rien ne l'empêchera, quelque sage que soit d'ailleurs
la loi nouvelle, de reprendre ses allures despotiques :
il faut donc lui lier les mains pour le mal, et les lui
laisser libres pour le bien. Ces hommes, auxquels on
a donné des pouvoirs plus étendus que ceux du roi,
et une inviolabilité presque égale à la sienne, sont-ils
donc pétris d'un autre limon que nous? n'arrivent-ils
pas à leurs grades escortés de toutes les misères hu-
maines? ne sont-ils pas, comme tous les hommes,
ambitieux, emportés, vindicatifs, injustes, despotes,
arrogans? A quel titre leur confie-t-on donc une autorité aussi illimitée, un pouvoir aussi exorbitant, une
omnipotence qu'on ne rencontre dans aucune autre
administration, omnipotence mille fois pire que la
loi du sabre, que l'état de siége le plus rigoureux?
Pouvons-nous avoir quelque sympathie pour une
administration qui nous traite en vaincus, et la res-
pecter quand elle ne se respecte pas elle-même?..

Voilà, Messieurs, un aperçu du système que je
combats et de celui que je viens vous proposer de lui
substituer. Comparez-les maintenant dans leur essence
et dans leurs effets.

Celui qui pèse sur nous depuis 36 ans ne s'appuie,
comme vous avez pu vous en convaincre, que sur le
dol, l'arbitraire, l'immoralité et la tyrannie; il ne se
concilie ni avec l'esprit national, ni avec les besoins
ni même avec les exigences de l'agriculture, du commerce et de l'industrie, dont il paralyse les efforts
et arrête le développement. Vous vous rappelez, Messieurs, combien de désordres il a enfantés, combien

de *calamités* il a produites, quelle part il a eue dans le renversement du gouvernement impérial, et de celui de la restauration. Et ne conspire-t-il pas encore contre l'ordre de choses actuel? N'est-il pas enfin l'auxiliaire obligé de toutes les insurrections, quand il n'en est pas la cause première? J'en appelle au passé.

Que pourriez-vous craindre de semblable, Messieurs, d'un système en harmonie avec nos mœurs et notre constitution, dont les bases sont *la bonne foi, la morale* et *la justice*? Quelle perturbation pourrait-il apporter dans la perception, du moment qu'il n'introduit aucune innovation dans les rouages essentiels du service et qu'il conserve aux employés les fruits si précieux de l'étude et de la pratique? Ses théories ne peuvent donc paraître inexécutables et dangereuses qu'à ceux auxquels la bonne foi, la morale et la justice sont *antipathiques*, pour qui l'arbitraire est un besoin et la tyrannie un aliment nécessaire.

Maintenant, Messieurs, que je vous ai mis sous les yeux l'étendue et la gravité du mal, et que vous connaissez le remède et son efficacité, pourriez-vous donc reculer devant cette opération, la seule qui puisse amener la cicatrisation de cette plaie profonde et toujours saignante? Une fois terminée, vous verrez bientôt disparaître cette vieille antipathie pour les agens de la Régie, céder toute résistance; la fraude se réduire d'elle-même à sa plus simple expression et la fortune publique s'accroître de jour en jour. C'est alors seulement que l'administration acquerra le droit de se montrer sévère contre la fraude, et que l'intérêt de l'état lui fera un devoir de ne jamais transiger avec elle, tandis qu'aujourd'hui elle est dans la nécessité de la caresser.

Mais on ne pourrait sans danger confier l'exécution d'un système dont les principes sont si opposés à celui actuel, qu'à un homme nouveau, qui puisse exercer sur les contribuables une heureuse influence: l'habitude a une telle puissance, on a d'ailleurs tellement abusé de la crédulité du peuple, qu'on doit craindre que celui qui a tout fait pour perdre la confiance ne puisse la recouvrer. *Mendax etiamsi verum dicit amittit fidem.*

Il existe, Messieurs, à l'appui du système que je vous propose, beaucoup d'autres considérations d'une haute importance que je crois superflu d'invoquer ici, devant leur donner tous les développemens qu'elles comportent, lors de l'examen des articles sur lesquels ils reposent, examen auquel je vais me livrer en commençant par la loi relative à l'impôt sur les eaux-de-vie et liqueurs, le procès des rédimés nous ayant conduit sur ce chapitre. C'est, du reste, une des parties de notre législation sur les boissons dont la révision se fait le plus vivement désirer.

———

RÉVISION DE LA LOI

sur l'impôt des eaux-de-vie, esprits et liqueurs.

Dans quel but remue-t-on les paillasses, bouleverse-t-on les armoires? Ce n'est assurément pas pour y trouver une pièce de vin ni un fût d'eau-de-vie, mais dans l'espoir d'y rencontrer quelques bouteilles de liqueurs : ce sont donc les liqueurs qui motivent presque toutes les perquisitions.

Pour rendre inutiles ces mesures révoltantes, il faut commencer par désintéresser la fraude en diminuant le droit sur les liqueurs, qui est exorbitant, et en augmentant par compensation celui sur l'alcool, qui étant, proportion gardée, beaucoup moins élevé et d'une perception mieux garantie, ne lui offre pas les mêmes appâts

Si, dans le principe, les liqueurs ont dû être considérées comme une boisson de luxe et imposées comme telles, alors qu'elles n'étaient servies que sur la table des riches et dans les cafés de premier ordre, il ne doit plus en être ainsi aujourd'hui qu'il est constant pour tout le monde que, rejetées de la consommation du riche, elles sont devenues la boisson du peuple, et que leur prix a baissé en proportion de leur qualité. On ne peut donc plus, sans être en opposition avec les principes de notre loi fiscale, laisser peser sur elles un droit presque égal à leur valeur (1).

Les débitans rédimés, dans la réclamation qu'ils vous ont adressée, demandent que les liqueurs ne soient imposées qu'en raison de l'alcool qu'elles contiennent, ce qui réduirait le droit, d'après la loi en vigueur, à 14 centimes 96 centièmes par litre, décime compris, et à 16 centimes dans le cas où le droit sur l'alcool serait porté à 40 francs par hectolitre.

L'administration prétend, avec raison, qu'on doit imposer le sucre, l'eau et le parfum, dont la réunion à l'alcool vient en augmenter le volume presque de moitié, sans en diminuer la valeur, comme le fait l'eau seule mêlée à l'alcool, qui en abaisse le prix dans la même proportion qu'elle en augmente la quantité.

La Chambre, en portant le droit sur l'alcool à 40 francs, et en réduisant à 25 francs par hectolitre celui des liqueurs expédiées en tonneaux, concilierait, je crois, tous les intérêts, satisferait à toutes les exigences; car dans les liqueurs où il entre 40 p. 0/0 d'alcool, l'eau, le sucre et le parfum se trouveraient imposés dans la proportion de plus de 2 cinquièmes, et dans celles où il n'entre que pour 25 à 30 p. 0/0, il le serait dans une proportion de 3 à 4 cinquièmes.

Quant aux liqueurs en bouteilles, on doit établir une distinction entre celles dont le débit est suivi par la Régie et celles qui sont expédiées aux consommateurs et aux débitans affranchis des exercices.

Dans le premier cas, les débitans exercés ne pouvant disposer d'aucune boisson avant qu'elle n'ait été reconnue par les employés, ces derniers ont autant de moyens que pour les fûts de s'assurer que, sous le titre de liqueurs, le débitant n'a pas reçu des esprits, dont le droit est plus élevé; et, comme il leur est prescrit de cacheter les bouteilles aussitôt cette reconnaissance terminée, toute substitution devient alors impossible; il n'y a donc pas lieu d'augmenter le droit, d'autant plus que cette augmentation pèserait tout entière sur le petit débitant, qui, n'ayant le moyen d'acheter que quatre ou cinq litres à la fois, est obligé de les recevoir en bouteilles, tandis que le débitant aisé, qui peut les recevoir en tonneaux, en en de-

---

(1) Le prix moyen des liqueurs ordinaires est de 65 à 70 centimes le litre; elles étaient imposées, avant 1830, à 55 centimes, décime compris, et elles paient encore aujourd'hui 37 centimes et demi, sans compter l'acquit, la décharge de l'acquit, les quittances et droits d'entrée, qui s'élèvent, pour Paris, à 85 centimes environ, et pour la banlieue, à 26 centimes par litre.

mandant une plus grande quantité, paierait beaucoup moins (1).
Pour ne pas compliquer le service, il faudrait soumettre au même droit tous les spiritueux en bouteilles, aromatisés ou non, au dessous de 63 degrés (2), tels que kirsch, rhum, cognac, absinthe, genièvre, etc., et les imposer, à 63 degrés et au dessus, à raison de 35 centimes le litre.

Il ne doit pas en être ainsi lorsque les liqueurs en bouteilles sont expédiées à des consommateurs ou à des débitans affranchis des exercices, chez lesquels le cachetage n'a pas lieu, et qui ont, avant la vérification des employés, toute facilité de remplacer un litre d'esprit d'un degré élevé par un litre de liqueur fabriquée *intra muros* ou reçue antérieurement. Il y a donc nécessité, dans ce dernier cas, pour mettre les intérêts du trésor à couvert des fausses déclarations, d'imposer les liqueurs, ainsi que les eaux-de-vie en bouteilles, quel que soit leur degré, non comme un litre d'alcool pur, liquide idéal, qui, par sa nature volatile, est en dehors de toutes les opérations du commerce, mais comme un litre d'esprit du degré commercial le plus élevé, à raison de 35 centimes le litre, qui est le droit de l'esprit à 87 degrés 1/2, calculé à raison de 40 francs par hectolitre.

L'administration ne manquera pas de vous faire observer que le degré commercial des esprits s'élève jusqu'à 92, qu'il y aurait alors perte pour le trésor, et que ce serait une porte ouverte à la fraude; mais cette objection sera sans valeur, quand vous saurez, Messieurs, qu'on n'élève à ce taux que les esprits mauvais goût, destinés presque exclusivement à la fabrication des vernis, et dont la consommation est insignifiante si on la compare à celle des esprits de vins, dont le degré ne s'élève jamais au dessus de 85 à 86; et ce qui le prouve, c'est que la Régie n'a pas cru devoir faire monter ses tableaux rapporteurs au dessus de 90 degrés (*voir Annales, tome I*ᵉʳ*, page* 356).
Il serait absurde, d'ailleurs, de supposer qu'on prît la peine de rincer les bouteilles, de les emplir, de les boucher et de les emballer, dans le seul but de frauder la différence dont s'agit, qui n'est que de 1 centime 80 centièmes, soit 1 centime 4 cinquièmes, quand, indépendamment des frais d'emballage, de la casse, de la perte du temps et du liquide répandu, la valeur seule du bouchon absorberait ce bénéfice. Pour supposer la fraude, il faut qu'il y ait intérêt à la faire.

La distinction que je viens d'établir dans le paiement du droit

---

[...] qu'il a lieu par
[...] de nature à
faire naître des difficultés relativement à la qualité du droit à per-
cevoir chez le débitant exercé au moment de sa rédemption, il
convient d'insérer une disposition à cet égard.

Le débitant ne pouvant être considéré comme rédimé qu'après
l'acquittement des droits sur les boissons prises en charge à son
compte, et dont, par conséquent, la qualité et le degré ont été re-
connus à l'arrivée, il est donc juste de n'exiger le droit sur les
liqueurs et eaux-de-vie au dessus de 63 degrés en bouteilles qu'à
raison de 25 centimes, lors du règlement de son compte, quand il
réclame l'affranchissement, le droit de 35 centimes n'étant dû que
sur les eaux-de-vie et liqueurs en bouteilles reçues postérieurement
à sa rédemption.

Voici donc, Messieurs, les changemens que je crois utile d'introduire dans la loi relative à la perception des droits sur l'eau-de-vie
et les liqueurs lors de sa révision :

ARTICLE PREMIER.

A partir de la promulgation de la présente loi, les droits à perce-
voir sur les eaux-de-vie et esprits, liqueurs et fruits à l'eau-de-vie,
seront perçus ainsi qu'il suit :

Sur les eaux-de-vie et esprits en cercles, d'après la quantité d'alcool pur contenue dans ces liquides, à raison de (par hect.).   40 fr.

Sur les liqueurs et fruits à l'eau-de-vie en cercles, quelle
que soit leur destination ; sur les liqueurs et fruits à l'eau-
de-vie en bouteilles, les esprits et eaux-de-vie au dessous de
63 degrés en bouteilles, lorsqu'ils seront consommés chez un
débitant exercé, et au moment du règlement de son compte,
lorsqu'il réclame l'affranchissement, à raison de..........   25

Et lorsqu'ils sont expédiés à un consommateur ou à un
débitant rédimé, à raison de............................   35

Sur les esprits à 63 degrés et au dessus, quelle que soit
leur destination, à raison de............................   35

ART. 2.

La perception du décime par franc pour contribution de guerre,
autorisée en vertu de l'article 232 de la loi du 28 avril 1846, cessera
d'avoir lieu à partir de la promulgation de la présente loi.

NOTA.

Si l'ouverture de la session ne me permet pas de pousser plus loin
l'impression, mon travail ne s'arrête pas là, je le soumettrai à la
commission, lorsqu'il y en aura une de nommée pour la réforme.